Zhejiangsheng Caizheng
Zhinong Huinong
Zhengce Jieda 2018

浙江财政"七五"普法读本
浙江省财政支农政策培训教材

浙江省财政支农惠农政策解答

（2018年修订版）

浙江省财政厅 / 编

中国财经出版传媒集团
经济科学出版社
Economic Science Press

本书编委会

主　任：金慧群　王广兵

成　员（按姓氏笔画排列）：

王雯琳　叶光胜　何新星　余丽生　吴小明
沈江平　金　涛　陈建中　周　瀛　倪学军
徐来兴　董立国　童黛铭

主要撰稿人员（按姓氏笔画排列）：

丁万钧　王　东　王　姣　王晓颖　王静芳
申京涛　吕　晶　朱家立　许宏峥　孙林斌
孙　韵　李　鸣　李慧辉　吴小明　吴益民
吴　翔　陆　茵　杨　帆　杨　博　邵金泉
何法顺　欧阳建华　陈志远　陈　琰　陈　瑞
陈姚宇璐　陈燕燕　周　敬　胡　红　钟昀陶
赵雅玲　俞利刚　袁　萍　徐佳梦　徐　峰
章维士　黄　青　黄建勇　曹　丽　鲁　明

前 言

根据财政部的统一部署,浙江省按照"统筹规划、整体推进、务求实效"的总体要求,科学安排,精心组织,上下联动,在全省范围内积极组织开展财政支农政策培训工作,成效显著。

教材建设是一项基础性工作,它是培训内容的载体,对于增强培训的针对性和实效性,确保培训质量和水平至关重要。为此,我们在2009年就组织人员编写《浙江省财政支农惠农政策解答》一书,并在2010年初正式出版,之后每两年修订一次,作为全省财政支农政策培训的核心教材,得到了地方财政部门领导、农村财政工作者与广大学员的高度评价,认为教材重点突出,言简意赅,通俗易懂,是工作的好帮手、好参谋;还被纳入全省财政系统"六五""七五"普法读本。并根据政策调整的情况,定期组织人员对培训教材进行修订和补充。

为认真贯彻党的十九大和省十四次党代会精神,适应乡村振兴战略的需要和当前经济发展新常态的形势,考虑到近两年来中央及浙江省各项涉农政策不断推出,原有教材中有的政策已停止执行或有所变动,为使广大农村基层群众及时了解新政策，更好地开展全省财政支农政策培训工作，我们从2018年4月开始组织人员对教材进行了修订。《浙江省财政支农惠农政策解答》（2018年修订版）由农业生产类、农村社会保障类、农村教科文类、农村生活类、支持农村消费类、农村组织建设类、生态文明建设类、支持少数民族发展类和"一折通"发放管理类九大类政策内容组成。教材力争做到权威性、时效性、通俗性、实用性、完整性，并从政策的概念、依据、资金来源、享受对象、标准、程序、责任等方面入手，以一问一答的形式对全省重点财政支农政策进行了解答。本书既是培训用书，也可供与制定、执行财政支农政策相关的部门和同志工作时参考。

参与本书编写的有浙江省财政厅农业处、政法处、科教处、文化处、基层财政处、企业处、金融处、社保处、经建处、农发办等处室。他们在繁忙的工作中加班加点、认真查找资料，以一丝不苟的态度完成了撰稿任务，在此，对他们的辛勤付出深表感谢。参加本书编辑整理的人员有余丽生、吴小明、孙韵，全书由余丽生、吴小明负责总纂，并经金慧群、王广兵同志审定。

希望通过教材的修订，进一步推进浙江省财政支农政策培训工作，使财政支农政策更好惠及"三农"，让广大农民受益。由于涉及的政策内容较多，如有遗漏或差错，敬请读者批评指正，并以正式文件为准；今后政策内容如有变动，请按新规定执行。

编　者

2018年6月

目录

农业生产类

一、耕地保护补偿 …………………………………… 1
  1. 什么是耕地保护补偿？/ 1
  2. 耕地保护补偿范围是什么？/ 1
  3. 耕地保护补偿对象和补偿标准是什么？/ 2
  4. 对村级集体经济组织保护耕地的以奖代补资金主要用途是什么？/ 2
  5. 耕地保护补偿资金如何发放？/ 2

二、规模种粮补贴 …………………………………… 2
  6. 什么是规模种粮补贴？/ 2
  7. 规模种粮补贴的对象有哪些？/ 3
  8. 规模种粮补贴的标准是多少？/ 3

三、农民专业合作社专项扶持 ……………………… 3
  9. 实施农民专业合作社专项扶持政策的依据是什么？/ 3
  10. 省农民专业合作社专项扶持政策的支持对象应具备什么条件？/ 4

11. 农民专业合作社资金支持的环节有哪些？／4

12. 农民专业合作社的税收政策是怎样的？／4

四、供销合作社财政扶持 ································ 5

13. 实施供销合作社财政扶持政策的依据是什么？／5

14. 供销合作社财政扶持资金的主要内容有哪些？／5

15. 供销合作社财政扶持资金分配程序是怎样的？／6

五、农机购置补贴 ······································ 6

16. 实施农机购置补贴政策的基本目的和依据是什么？／6

17. 农机购置补贴的对象有哪些？／7

18. 农机购置补贴的机具范围包括哪些？／7

19. 农机购置补贴的标准是多少？／7

20. 农机购置补贴发放的程序是怎样的？／8

六、省级储备订单奖励 ································ 9

21. 什么是省级储备订单奖励政策？补贴依据是什么？／9

22. 省级储备订单奖励的范围和对象有哪些？奖励的标准是多少？／9

23. 省级储备订单奖励资金的来源是什么？／10

24. 订单奖励资金的发放程序是怎样的？／10

25. 对违反订单奖励资金发放规定的应如何处理？／10

七、农产品质量安全和标准化 ······················ 10

26. 实施农产品质量安全和标准化政策的依据是什么？／10

27. 农产品质量安全和标准化财政扶助政策的具体内容是什么？／11

八、政策性农业保险 ································ 11

28. 什么是政策性农业保险？／11

目　录

29. 政策性农业保险与商业性农业保险有什么区别？/ 11
30. 参加政策性农业保险有哪些好处？/ 12
31. 政策性农业保险与政府救济是不是一回事？/ 12
32. 目前浙江省政策性农业保险品种有哪些？/ 12
33. 政策性农业保险参保对象有哪些？如何参保？/ 13
34. 哪些公司是共保体主承保人？/ 13
35. 政府对政策性农业保险的保费补贴比例是多少？农户自交比例是多少？/ 14
36. 参加了政策性农业保险，能保障到什么程度？/ 14
37. 参加政策性农业保险后，要求农户平时做些什么，灾害来临前应做些什么？/ 15
38. 发生灾害事故后，参保农户应采取哪些措施，如何申请理赔？/ 15
39. 什么是政策性农村住房保险？/ 16
40. 为什么要开展政策性农村住房保险工作？/ 16
41. 政策性农村住房保险的保险责任有哪些？/ 16
42. 政策性农村住房保险的保费标准是多少？/ 16
43. 政策性农村住房保险的保费缴纳机制如何？/ 16
44. 政策性农村住房保险的赔偿标准是什么？/ 17
45. 如何参加政策性农村住房保险？/ 17
46. 如何进行理赔？保险争议如何处理？/ 17
47. 什么是地方特色农业保险？/ 17
48. 农户如何开展地方特色农业保险？/ 18
49. 政府对地方特色农业保险的保费补贴比例是多少？农户自负比例是多少？/ 18

· 3 ·

九、后备母牛补贴 ································· 18

    50. 实行后备母牛补贴的目的是什么？/ 18

    51. 后备母牛补贴对象和标准是怎么认定的？/ 18

    52. 后备母牛的补贴标准是多少？/ 19

十、森林生态效益补偿 ····························· 19

    53. 什么是森林生态效益补偿基金？依据是什么？/ 19

    54. 森林生态效益补偿基金的支出如何构成？/ 19

    55. 森林生态效益补偿基金的补偿范围包括哪些？/ 19

    56. 森林生态效益补偿基金的补偿对象有哪些？/ 20

    57. 森林生态效益补偿的标准是多少？/ 21

    58. 森林生态效益补偿基金拨付程序是怎样的？/ 21

十一、农业综合开发 ······························ 22

    59. 什么是农业综合开发？农业综合开发的政策依据是什么？/ 22

    60. 农业综合开发资金如何筹集？/ 22

    61. 农业综合开发有哪几种项目类型？/ 23

    62. 农业综合开发土地治理项目扶持的重点是什么？/ 23

    63. 对农业综合开发土地治理项目有哪些扶持政策？/ 23

    64. 农业综合开发土地治理项目申报需准备哪些材料？/ 24

    65. 农业综合开发土地治理项目如何进行工程管护？/ 24

    66. 农业综合开发产业化发展项目扶持的对象有哪些？/ 25

    67. 农业综合开发产业化发展项目申请立项时需提供哪些申报材料？/ 25

    68. 农业综合开发土地治理项目的评审程序如何？/ 25

    69. 农业综合开发产业化发展项目的评审程序如何？/ 25

70. 农业综合开发项目如何进行竣工验收？/ 26
71. 农业综合开发财政资金出现违规违纪行为如何处理？/ 26

农村社会保障类

一、社会救助制度 ………………………………………… 27

72. 社会救助的原则是什么？具体包括哪些专项救助制度？/ 27
73. 实施社会救助制度的依据有哪些？/ 27
74. 最低生活保障对象及标准如何确定？申请审批程序是怎样的？/ 28
75. 医疗救助对象有哪些？标准是多少？申请审批程序是怎样的？/ 29
76. 临时救助对象有哪些？标准是多少？申请审批程序是怎样的？/ 30
77. 特困人员供养对象及标准如何确定？申请审批程序是怎样的？/ 31
78. 教育救助对象有哪些？如何救助？申请审批程序是怎样的？/ 31
79. 就业救助对象有哪些？如何救助？申请审批程序怎样？/ 32

二、被征地农民基本生活保障政策 ………………………… 33

80. 被征地农民基本生活保障政策实施的时间和依据是什么？/ 33
81. 被征地农民基本生活保障的对象和保障形式是什么？/ 33

82. 被征地农民基本生活保障资金的来源和筹资模式如何？/ 34
83. 被征地农民基本生活保障资金主要用于哪些范围？/ 34
84. 被征地农民基本生活保障享受年龄和待遇如何？/ 35
85. 被征地农民基本生活保障制度与相关养老保险制度如何衔接？/ 35
86. 城乡居民基本养老保险的参保对象有哪些？/ 35
87. 城乡居民基本养老保险基金如何筹集？/ 35
88. 城乡居民养老金待遇的领取条件是什么？/ 36
89. 城乡居民养老金待遇包括哪些内容？/ 36
90. 城乡居民基本养老保险制度与其他有关制度如何衔接？/ 37

三、城乡居民基本医疗保险政策 ·············· 39

91. 什么是城乡居民基本医疗保险？/ 39
92. 城乡居民基本医疗保险的参保对象有哪些？/ 39
93. 城乡居民基本医疗保险基金是如何筹集的？/ 39
94. 城乡居民基本医疗保险的保障待遇是如何规定的？/ 40
95. 什么是城乡居民大病保险？/ 40
96. 城乡居民大病保险基金是如何筹集的？/ 40
97. 城乡居民大病保险的待遇水平是如何确定的？/ 40

四、残疾人两项补贴制度 ·············· 41

98. 什么是残疾人两项补贴制度？依据是什么？/ 41
99. 残疾人两项补贴制度的受助对象有哪些？/ 41
100. 残疾人两项补贴制度的补助标准是多少？/ 42
101. 残疾人两项补贴制度与其他政策如何衔接？/ 42
102. 残疾人两项补贴制度对申请、审核、发放及管理是如何规定的？/ 42

五、残疾儿童基本康复服务与补贴制度 …… 43

103. 什么是残疾儿童基本康复服务与补贴制度？依据是什么？/ 43

104. 残疾儿童基本康复服务与补贴包括哪些服务项目？/ 44

105. 享受残疾儿童基本康复服务与补贴的对象需符合什么条件？/ 44

106. 残疾儿童基本康复服务与补贴的标准是多少？/ 45

107. 残疾儿童基本康复服务与补贴制度对申请、审核是如何规定的？/ 47

六、计划生育奖励扶助制度 …… 48

108. 什么是计划生育奖励扶助制度？/ 48

109. 建立计划生育奖励扶助制度的依据是什么？/ 48

110. 享受计划生育奖励扶助的对象必须符合什么条件？/ 49

111. 计划生育奖励扶助的标准是多少？/ 49

112. 计划生育奖励扶助资金如何发放？/ 49

113. 对计划生育奖励扶助对象的确认有何程序？/ 49

七、计划生育特别扶助制度 …… 49

114. 什么是计划生育特别扶助制度？/ 49

115. 计划生育特别扶助制度的依据是什么？/ 50

116. 计划生育特别扶助制度扶助的对象有哪些？/ 50

117. 计划生育特别扶助的标准是多少？/ 50

八、国家孕前优生健康检查项目 …… 51

118. 实施国家孕前优生健康检查项目政策的依据是什么？/ 51

119. 国家孕前优生健康检查项目政策出台的背景和主要内容是什么？/ 51

九、计划生育免费技术服务 ………………………………………… 52

  120. 计划生育免费技术服务的政策依据是什么？/ 52

  121. 计划生育免费技术服务政策的主要内容是什么？/ 53

农村教科文类

一、学前教育资助制度 …………………………………………… 54

  122. 实行学前教育资助制度的依据是什么？/ 54

  123. 学前教育资助制度资助的对象有哪些？/ 54

  124. 学前教育资助的项目和标准是什么？/ 54

  125. 学前教育资助的具体办法是怎样的？/ 55

  126. 学前教育资助制度的经费筹措及分担办法是
怎样的？/ 55

二、义务教育免除学杂费 ………………………………………… 55

  127. 实施免除学杂费政策的依据是什么？/ 55

  128. 享受免除学杂费政策的对象是什么？/ 55

  129. 免除学杂费的标准是什么？/ 56

三、义务教育免费提供教科书政策 ……………………………… 56

  130. 实施免费提供教科书政策的依据是什么？/ 56

  131. 什么时候开始实施免费提供教科书政策？其所需
资金如何解决？/ 56

  132. 享受免费提供教科书政策的对象和范围有哪些？/ 57

四、义务教育城乡家庭经济困难寄宿生生活费补助 …………… 57

  133. 实施家庭经济困难寄宿生生活费补助的依据是什么？/ 57

  134. 家庭经济困难寄宿生生活费补助的对象是谁？/ 57

目 录

135. 家庭经济困难寄宿生生活费补助的标准是多少？
经费怎么承担？／57

五、对外来务工人员子女教育支持政策 …………… 58

136. 实施外来务工人员子女教育政策的依据是什么？／58
137. 外来务工人员子女教育政策的支持对象和范围
有哪些？／58

六、农村义务教育学生营养改善计划 …………… 58

138. 实施农村义务教育学生营养改善计划的依据和
目的是什么？／58
139. 农村义务教育学生营养改善计划的资助对象有哪些？／59
140. 农村义务教育学生营养改善计划的资助标准是多少？／59
141. 农村义务教育学生营养改善计划的供餐方式是
怎样的？／59

七、中等职业教育免学费政策 …………………… 60

142. 实施中等职业教育免学费政策的依据是什么？／60
143. 享受中等职业教育免学费政策的对象包括哪些？／60
144. 中等职业教育免学费的标准是多少？／60
145. 中等职业教育免学费政策如何实施？／60

八、农业种养技术专业助学金 …………………… 61

146. 实施农业种养技术专业助学金政策的依据是什么？／61
147. 农业种养技术专业助学金政策的主要内容是什么？／61

九、基本公共文化服务 …………………………… 61

148. 实施基本公共文化服务的政策依据是什么？／61
149. 省基本公共文化服务专项资金来源包括哪些？／62
150. 省基本公共文化服务专项资金的支出范围是什么？／62

151. 省基本公共文化服务专项资金的分配方法是
怎么样的？/ 63

十、乡村学校少年宫项目 ·· 64

152. 实施乡村学校少年宫项目的政策依据是什么？/ 64

153. 乡村学校少年宫项目的定义是什么？/ 65

154. 乡村学校少年宫项目资金的使用范围是什么？/ 65

155. 乡村学校少年宫项目的补助标准是多少？/ 65

156. 乡村学校少年宫项目的申报审批程序是怎样的？/ 65

十一、农村文化礼堂长效机制建设 ································ 66

157. 农村文化礼堂长效机制建设的政策依据是什么？/ 66

158. 农村文化礼堂长效建设的推进机制有哪些？/ 66

159. 农村文化礼堂长效机制建设财政保障政策
是什么？/ 67

十二、扶持体育发展专项资金 ·· 67

160. 扶持体育发展专项资金的政策依据是什么？/ 67

161. 省财政对地方体育事业发展的支持范围是什么？/ 67

162. 扶持体育发展专项资金分配因素是什么？/ 67

163. 扶持体育发展专项资金拨付程序是怎样的？/ 68

十三、千万农民素质提升工程 ·· 68

164. 什么是千万农民素质提升工程？/ 68

165. 千万农民素质提升工程三级培训体系如何构成？/ 69

166. 省财政对千万农民素质提升工程的扶持对象和
范围有哪些？补助标准是什么？/ 70

167. 省财政对千万农民素质提升工程的补助资金
如何分配、使用？/ 70

目 录

十四、新型职业农民培育 ·················· 71
    168. 新型职业农民培育的基本原则是什么？/ 71
    169. 新型职业农民培育的主要任务是什么？/ 71
    170. 新型职业农民培育对象有哪些？/ 72
    171. 新型职业农民培育补助资金如何使用？/ 72

农村生活类

一、农家乐休闲旅游业发展政策 ·················· 73
    172. 省财政对农家乐休闲旅游业的扶持对象有哪些？/ 73
    173. 省财政对农家乐休闲旅游业的扶持范围是什么？/ 73
    174. 省财政对农家乐休闲旅游业提升发展的补助资金如何分配、使用？/ 73

二、异地搬迁补助 ·················· 74
    175. 什么是低收入农户异地搬迁？其政策依据是什么？/ 74
    176. 省财政对低收入农户异地搬迁的扶持范围和对象有哪些？/ 74
    177. 省财政对低收入农户异地搬迁的补助标准是多少？补助政策怎样？/ 75
    178. 省财政对低收入农户异地搬迁的补助方式是怎样的？/ 75

三、农村生活垃圾资源化减量化利用 ·················· 75
    179. 开展农村生活垃圾资源化减量化利用的政策依据是什么？/ 75
    180. 省财政对农村生活垃圾减量化资源化利用的补助政策是什么？/ 76

四、农村生活污水治理 ·················· **76**

　181. 开展农村生活污水治理的政策依据是什么？／76

　182. 省财政对农村生活污水治理的扶持范围有哪些？／76

　183. 省财政对农村生活污水治理的补助标准（比例）
　　　 是多少？／77

　184. 农村生活污水治理省级专项补助资金如何分配、
　　　 使用？／77

五、农村困难群众住房救助政策 ············ **78**

　185. 什么是农村困难群众住房救助专项资金？／78

　186. 设立农村困难群众住房救助专项资金的政策依据
　　　 是什么？／78

　187. 农村困难群众住房救助政策的执行期限为多少？／78

　188. 农村困难群众住房救助专项资金的补助对象
　　　 有哪些？／79

　189. 申请农村困难群众住房救助专项资金的条件
　　　 是什么？／79

　190. 农村困难群众住房救助专项资金的补贴标准
　　　 是多少？／79

　191. 农村困难群众住房救助专项资金的补贴程序
　　　 是怎样的？／80

六、地质灾害防治补助政策 ··············· **80**

　192. 实施地质灾害防治支持政策的依据是什么？／80

　193. 地质灾害防治专项资金如何支持，主要用于
　　　 哪些项目？／80

　194. 地质灾害防治专项资金如何申请？／81

目 录

195. 按因素法分配的地质灾害防治专项资金主要考虑
哪些因素？/ 81

196. 对地质灾害防治项目地方应承担资金不到位的，
省里有什么措施？/ 82

七、省矿山生态环境保护与治理支持政策 …………………… 82

197. 实施矿山生态环境保护与治理支持政策的依据
是什么？/ 82

198. 省矿山生态环境保护与治理资金支持的范围
是什么？/ 82

199. 省矿山生态环境保护与治理资金申报时间和要求
是怎样的？/ 83

200. 对省矿山生态环境保护与治理项目地方应承担资金
不到位、截留、挪用、挤占专项经费的，省里
有什么措施？/ 83

八、农村公路养护补助政策 ……………………………………… 84

201. 实施农村公路养护补助政策的依据是什么？
农村公路养护的责任主体是谁？/ 84

202. 农村公路养护资金的来源有哪些？/ 84

203. 农村公路养护工程省级财政的补助标准是多少？/ 84

204. 农村公路养护工程资金实际执行中如有结余
怎么处理？/ 85

205. 农村公路日常养护资金的补助标准是多少？/ 85

九、中央农村环境整治资金 ……………………………………… 85

206. 中央农村环境整治资金支持范围和额度是什么？/ 85

207. 中央农村环境整治资金支持的具体内容有哪些？/ 85

208. 中央农村环境整治资金使用管理有哪些要求？/ 86

十、村级公益事业一事一议财政奖补政策 ……………… 86

209. 实施村级公益事业一事一议财政奖补政策有何重要意义？/ 86

210. 村级公益事业一事一议财政奖补政策的目标是什么？/ 87

211. 村级公益事业一事一议财政奖补的基本原则是什么？/ 87

212. 村级公益事业一事一议财政奖补的范围是什么？/ 88

213. 享受村级公益事业一事一议财政奖补的项目有哪些要求？/ 88

214. 村级公益事业一事一议财政奖补项目筹资筹劳有何规定？/ 88

215. 村级公益事业一事一议财政奖补项目公示的内容包括哪些？/ 88

216. 村级公益事业一事一议财政奖补的工作程序是怎样的？/ 89

217. 村级公益事业一事一议财政奖补项目形成的设施管理和养护的原则是什么？/ 89

促进农村消费类

218. 财政支持农村电子商务发展的依据是什么？/ 90
219. 财政支持农村电子商务发展的主要内容是什么？/ 90
220. 农村电子商务财政政策的扶持对象和标准是什么？/ 91

目 录

农村组织建设类

一、农村综合改革试点补助政策 …………………………… 92
 221. 农村综合改革试点项目有哪些？/ 92
 222. 助推升级版美丽乡村建设试点的主要内容是什么？/ 92
 223. 扶持村级集体经济发展试点的主要内容有哪些？/ 93
 224. 田园综合体建设试点的主要内容是什么？/ 93
 225. 农村综合改革集成示范区建设试点的主要内容
   有哪些？/ 94
 226. 申报试点的具体条件有哪些？/ 95
 227. 试点项目立项方式有哪些？/ 95

二、扶持薄弱村发展财政补助政策 …………………………… 96
 228. 实施扶持薄弱村发展财政补助政策的依据是什么？/ 96
 229. 扶持薄弱村发展财政补助政策的目标是什么？/ 96
 230. 扶持薄弱村发展省级财政扶持政策及扶持对象
   是什么？/ 96

三、村级组织运转经费财政补助政策 ………………………… 97
 231. 村级组织运转经费财政补助的政策依据是什么？/ 97
 232. 村级组织运转经费财政补助的保障范围是什么？/ 97
 233. 村级组织运转经费财政补助的保障标准是什么？/ 97
 234. 村级组织运转经费财政补助的资金来源是什么？/ 97

四、村干部报酬财政补助 ……………………………………… 98
 235. 村干部报酬财政补助政策依据是什么？/ 98
 236. 村干部报酬财政补助的对象有哪些？/ 98

237. 村干部报酬财政补助的标准是什么？/ 99

238. 村干部报酬财政补助的资金来源是什么？/ 99

五、高校毕业生到村任职补助 ·· **99**

239. 什么是高校毕业生到村任职？/ 99

240. 高校毕业生到村任职的待遇和政策保障如何？/ 100

241. 中央和省财政对高校毕业生到村任职的补助政策是怎样的？/ 100

六、农村党员干部教育补助 ·· **100**

242. 目前浙江省农村党员干部教育建设的基本情况如何？/ 100

243. 省财政对农村党员干部教育的补助政策是怎样的？/ 101

244. 省财政对农村党员干部教育的补助资金是如何拨付的？/ 101

生态文明建设类

245. 实施"两山（一类）"建设财政激励政策的背景是什么？/ 102

246. 如何确定"两山（一类）"建设财政专项激励县（市、区）？/ 102

247. "两山（一类）"建设财政激励政策的政策目标是什么？/ 103

248. 如何实施"两山（一类）"建设财政激励政策绩效评价 / 103

目　录

支持少数民族发展类

249. 什么是少数民族发展资金？／105
250. 浙江省少数民族发展专项资金的使用范围是什么？／105
251. 浙江省少数民族发展资金如何分配？／106
252. 省财政对支持少数民族地区发展有何举措？／106

"一折通"发放管理类

253. 为什么要通过"一折通"发放涉农补贴资金？／108
254. 通过农资综合补贴"一折通"发放的项目有哪些？／108

农业生产类

一、耕地保护补偿

1. 什么是耕地保护补偿？

为落实耕地保护共同责任机制，切实加强耕地用途管制，落实最严格的耕地保护制度，提升粮食生产综合能力，在2015年中央农业"三项补贴"改革的基础上，2016年浙江省全面实行耕地保护补偿制度。按照"谁保护，谁受益"和"分级负责，突出重点"的要求，对耕地保护全面进行经济补偿，包括对农户的耕地地力保护补贴和对村级集体经济组织的以奖代补资金两项内容。

2. 耕地保护补偿范围是什么？

耕地保护补偿范围包括：土地利用总体规划确定的永久基本农田和其他一般耕地。已作为畜牧（水产）养殖使用的耕地，发展林果业的耕地，成片良田用作设施农业用地的耕地（简易大棚设施蔬菜用地除外），被征（占）用进行非农业建设等已改变土地用途的耕地，常年抛荒的耕地，以及耕地占补平衡中补充耕地质量达不到耕种条件的耕地，不纳入补偿范围。

3. 耕地保护补偿对象和补偿标准是什么？

耕地保护补偿对象为承担耕地保护任务和责任的农村村级集体经济组织和农户，其中省级财政按照永久基本农田保护面积每年每亩30元的标准，并综合各地耕地保护责任目标考核系数和土地卫片执法检查情况，切块下达对村级集体经济组织保护耕地的以奖代补资金，各地根据省补贴额度和耕地面积确定具体补偿标准。对农户的耕地地力保护具体补贴标准、分配依据等由各地自行确定。

4. 对村级集体经济组织保护耕地的以奖代补资金主要用途是什么？

对农村集体经济组织保护耕地的以奖代补资金主要用于农田基础设施修缮、地力培育、耕地保护管理等，在确保完成耕地保护任务并符合新增建设用地土地有偿使用费等相关资金使用管理规定的前提下，也可用于发展农村公益事业，建设农村公共服务设施等。

5. 耕地保护补偿资金如何发放？

农户的耕地地力保护补贴通过"一卡通"等方式，直接发放到受益农户。对村级集体经济组织的以奖代补资金由乡镇财政按照规定程序，拨付给农村村级集体经济组织。

二、规模种粮补贴

6. 什么是规模种粮补贴？

为支持和引导粮食生产的适度规模经营，提高生产组织化程度，省级整合粮油种植大户直补、粮油生产机械化作业环节补贴（包括水稻机插、油菜机收和农作物统防统治）、水稻集中育秧补贴等政策，统一归并为规模种粮补贴资金。

7. 规模种粮补贴的对象有哪些？

规模种粮补贴对象为联合社内种粮农户及全年水稻、大小麦种植面积达到50亩以上的种粮大户、家庭农场、农民专业合作社等规模经营主体。

8. 规模种粮补贴的标准是多少？

对符合条件的粮食生产适度规模经营主体，省财政每亩补贴100元；各地可结合实际，对为散户提供水稻机械化统一育插秧（包括机械化精量穴直播）及作业、病虫害统防统治等服务，并达到一定服务面积的粮食生产专业化服务组织给予适当补助。具体起补面积、补贴标准及方式由各地确定。

三、农民专业合作社专项扶持

9. 实施农民专业合作社专项扶持政策的依据是什么？

为进一步贯彻落实《浙江省农民专业合作社条例》，促进浙江省农民专业合作社快速、规范、健康发展，根据浙江省政府《关于促进农民专业合作社提升发展的意见》（浙政发〔2010〕48号）和省政府办公厅《关于大力培育新型农业经营主体的意见》（浙政办发〔2012〕73号）文件精神，出台了扶持农民专业合作社发展的财政专项政策。全省设立了农民专业合作社专项扶持资金，主要用于规范化的农民专业合作社、农民专业合作社联合社（会）为农业服务的设施建设、农产品质量认证、市场营销网络构建、标准化生产、技术推广、培训和信息服务、品牌建设以及开展资金互助、风险救助、信用贷款担保试点、贷款贴息等方面进行补助。规范化的农民专业合作社在申报国家和省级各类财政支农项目时给予优先支持，支持农民专业合作社拓展农产品市场，构建市场营销网络。

10. 省农民专业合作社专项扶持政策的支持对象应具备什么条件?

省财政农民专业合作社资金支持的农民专业合作社,必须是经市、县农业行政主管部门认定的规范化农民专业合作社,并具备以下条件:(1)工商登记满两年以上。(2)入社成员以农民为主体,出资比例符合《浙江省农民专业合作社条例》规定要求。(3)具有一定的产业基础,有比较健全的服务网络,能有效地为合作社成员提供专业服务;生产记录健全,产品质量安全。(4)按照财政部《农民专业合作社财务会计制度(试行)》进行财务管理和会计核算。(5)产权清晰,管理民主,建立合作社成员账户;按股金额和交易额相结合的方式进行盈余分配,其中按交易额返还比例不低于60%。

11. 农民专业合作社资金支持的环节有哪些?

农民专业合作社资金支持的环节包括农产品加工、整理、储存、保鲜、运销和检测等农业服务设施建设;无公害生产基地、无公害农产品、绿色食品、森林食品、有机食品、名牌产品和驰名商标的认证和创建等农产品质量标准与认证环节;构建市场营销网络、参加产品展示展销等促进生产与市场对接的项目,包括进超市、设立销售点和展示展销点等市场营销服务;为合作社成员和农户提供专业技术培训和信息服务。

12. 农民专业合作社的税收政策是怎样的?

继续执行国家和省出台的农民专业合作社各项税收优惠政策。对农民专业合作社从事农、林、牧、渔业项目的所得免征或减征企业所得税。对农民专业合作社提供农业机耕、排灌、病虫害防治、植物保护、农牧保险服务和相关培训业务以及家禽、牲畜、水生动物的配种和疾病防治服务免征营业税。农产品初加工项目所得免征企业所得税。允许符合条件的农民专业合作社申领浙江省农业产品收购专用发票和浙江省货物销售统一发票，分别用于农民专业合作社向成员或非成员收购自产农产品及销售自产农产品。对农民专业合作社与本社成员签订的农业产品和农业生产资料购销合同免征印花税。对各级财政扶持农民专业合作社的项目资金和以奖代补资金，符合规定条件的，可作为不征税收入。

四、供销合作社财政扶持

13. 实施供销合作社财政扶持政策的依据是什么？

为扎实推进"三位一体"建设，深化供销社综合改革，充分发挥供销社省财政扶持资金的导向作用，根据省委《关于深化供销合作社和农业生产经营管理体制改革构建"三位一体"农民合作经济组织体系的若干意见》（浙委发〔2015〕17号）和省政府《关于实施省级财政专项资金竞争性分配改革的通知》（浙政函〔2013〕145号）等文件精神，对2018年供销社省财政扶持资金实施竞争性分配。

14. 供销合作社财政扶持资金的主要内容有哪些？

2018年供销社省财政扶持资金安排坚持"突出重点、竞争导向、公开透明、绩效优先"的原则，采取竞争性分配方式，重点支持"三位一体"建设，深化供销社改革工作。通过对供销社改革创新工作的支持，以点带面，在更大范围、更广领域提升供销社为农服务水平。根据"三位一体"建设和供销社综合改革总体要求，围绕组织创新、服务创新、体制创新、机制创新，重点从以下方面推进"三位一体"建设和供销社综合改革向纵深发展。

（1）有序推进农合联组织体系建设。推进农合联会员、组织和制度的规范建设，实现农合联组织规范运行。推进农合联农民合作基金和资产经营公司两项重要制度建设。围绕重点领域和关键环节开展专项改革试点，解决现阶段尚未完全破题的重点难点问题。

（2）加快推动供销社为农服务体系建设。围绕发展完善现代农业服务、城乡商贸流通服务、农村信用服务和乡村环境服务体系，积极推进农民合作社联合、高档农产品连锁、农业品牌化提升、城乡新供销覆盖、农信农合通助创和茶产业升级等建设，形成供销社综合性、规模化、可持续的为农服务体系。

（3）加快社有经济发展。深化社有经济治理体制改革，推动系统内资源和经营网络整合，加快培育社有企业发展，拓展市场、提升效益，促进社有资产的保值增值。

15. 供销合作社财政扶持资金分配程序是怎样的？

省供销社会同省财政厅根据资金年度支持重点，对2018年供销社省财政扶持资金实施竞争性分配。竞争性分配评价指标为改革发展总体情况和成效（30分）、改革创新工作（40分）、为农服务体系项目建设（20分）、社有经济发展（10分）。根据上述评价指标，2018年择优确定20个市县给予支持。省财政厅根据分配结果增加相关市县的预算指标，各市、县（市）财政部门及时将扶持资金拨付到具体项目单位。

五、农机购置补贴

16. 实施农机购置补贴政策的基本目的和依据是什么？

为鼓励和支持使用先进适用的农业机械，加快推进农业机械化进程，提高粮食综合生产能力，根据《浙江省人民政府关于抓好粮食生产保障粮食市场供应的紧急通知》（浙政发明电〔2004〕53号）的精神，浙江省从2004年开始实施农机购置补贴政策。省财政厅、省农业厅联合发布了《关于对大中型农业机械购置进行以奖代补的实施意见》（浙财农字〔2004〕43号），首次对农机购置补贴政策进行了明确。随后每年省政府及省财政厅、省农业厅结合全省情况对该政策实施的补贴对象、标准和程序等进一步予以明确。

17. 农机购置补贴的对象有哪些？

农机购置补贴的对象为直接从事农业生产的个人和农业生产经营组织。对近年来已享受购机补贴政策且在用机具能满足农业生产需求的补贴申请可以进行适当控制。因补贴资金规模所限当年未能享受到补贴的购机者，可在下一年度优先补贴。

18. 农机购置补贴的机具范围包括哪些？

2018～2020年农机购置补贴以粮油生产机械、农业主导产业关键环节机械装备为重点，购机补贴主要用于购置耕整地机械、种植施肥机械等14大类33个小类76个品目的机具。具体补贴机型详见当年省农业厅发布的《农业机械购置补贴产品目录》（以下简称《目录》）。

19. 农机购置补贴的标准是多少？

（1）中央补贴资金实行定额补贴，对购置同一种类、同一档次的机具实行统一的补贴标准（具体由省农机局另行公布）。

（2）对水稻插秧机、水稻精量（穴）直播机、水稻侧深施肥装置、谷物烘干机、秧苗移栽机、打（压）捆机、秸秆粉碎还田机及全喂入联合收割机加装茎秆切碎带抛洒装置和二次割刀实行累加定额补贴，补贴资金由省与县（市、区）共同承担，其中财政转移支付一类地区由省财政承担70%，县（市、区）

财政承担30%；财政转移支付二类地区由省财政承担40%，县（市、区）财政承担60%。

(3) 补贴对象年度内可享受中央补贴资金实行总额限制：个人不超过30万元，农业生产经营组织（含家庭农场）不超过80万元，其中省级以上示范性农民（农机）专业合作社、家庭农场不超过100万元。

20. 农机购置补贴发放的程序是怎样的？

农机购置补贴的发放程序为：

(1) 购机。购机者自主选机购机，并对购机行为和购买机具的真实性负责。

(2) 申请。补贴对象凭购机发票、有效身份证明（个人凭户口本和身份证，农业生产经营组织凭工商营业执照）以及其他相关申请资料，自主到当地县级农机化主管部门或乡镇政府（街道办事处）提出补贴资金申请。购置牌证管理、现场安装或有省级累加补贴的补贴产品须到县级农机化主管部门提出补贴资金申请。村集体经济组织、农民专业合作社、家庭农场可以在其年度可享受补贴资金总额内，为周边农户代为购置补贴额小于1000元的机具，办理补贴申请，并承担相应责任。

购置需现场安装的补贴产品，应先安装完成并经确认后方可申请补贴；购置实行牌证管理的机具，应先办理牌证照。

(3) 审核和公示。县级农机化主管部门和乡镇（街道）按照"谁受理、谁审核、谁负责"的原则，对购机者提交的申请资料进行审核并予以公示。经公示无异议的，乡镇（街道）将申请补贴清单报至县级农机化主管部门统一汇总。

(4) 结算和拨付。县级农机化主管部门在完成公示后将结算意见报同级财政部门，财政部门复核无误后，将补贴资金直接拨付给购机者。允许有条件的地区探索乡镇（街道）直接结算拨付方式。

（5）归档。县级农机化主管部门和乡镇（街道）按照"谁受理、谁建档"的原则，对补贴资料进行整理归档。乡镇（街道）应定期将档案资料移交至县级农机化主管部门统一管理。

六、省级储备订单奖励

21. 什么是省级储备订单奖励政策？补贴依据是什么？

省级储备订单奖励政策是浙江省为保护和调动农民种粮积极性，保障粮食安全而出台的扶粮惠农政策，具体包括省级储备早稻订单奖励、省级储备晚粳稻订单奖励和省级储备小麦订单奖励，属于浙江省的粮食直补政策。省级储备订单奖励的补贴依据是《浙江省人民政府关于进一步强化粮食安全市县长责任制增强粮食安全保障能力的意见》（浙政发〔2015〕14号）。

22. 省级储备订单奖励的范围和对象有哪些？奖励的标准是多少？

省级储备订单奖励的范围为承担省级储备订单收购任务的粮食主产县（市、区）。奖励的对象为按订单合同交售省级储备稻谷和小麦的种粮农户、家庭农场和粮食专业合作社社员。

奖励的具体标准根据省政府每年出台的粮食生产扶持政策确定。2017年省级储备早稻订单奖励标准为30元/百斤，每亩最高奖励240元；晚稻订单奖励标准为20元/百斤，每亩最高奖励180元；小麦订单奖励标准为30元/百斤，每亩最高奖励150元。

23. 省级储备订单奖励资金的来源是什么？

订单奖励资金主要根据"谁用粮，谁出钱"的原则由各级财政部门安排。省级储备订单奖励资金由省财政预算安排。

24. 订单奖励资金的发放程序是怎样的？

收购前，财政部门将奖励资金预拨到相关金融机构。收购期间，金融机构根据当地国有粮食购销企业提供的订单奖励分户清册将奖励资金打入售粮农户的"一折通"。原则上所有售粮农户的订单奖励资金都要通过"一折通"发放。

25. 对违反订单奖励资金发放规定的应如何处理？

订单奖励资金必须及时、足额发放到农户手中。省有关部门将定期、不定期进行抽查。对于违反规定，虚报粮食种植面积、以外地粮源顶抵当地粮源、陈粮顶抵新粮或订单外粮源顶抵订单内粮源套取奖励资金的，一经发现和查实，除追回当年奖励资金和相关收购费用外，将取消下一年度订单签订资格。对截留、挤占、挪用奖励资金的，将按有关规定严肃查处。

七、农产品质量安全和标准化

26. 实施农产品质量安全和标准化政策的依据是什么？

实施农产品质量安全和标准化政策的依据是《浙江省人民政府关于加强农产品质量安全和标准化工作的通知》（浙政发〔2002〕第16号）、《浙江省人民政府办公厅关于加强农产品质量建设加快打造绿色农业强省的意见》（浙政办发〔2014〕112号）。加强农产品质量安全和标准化工作，有利于推动浙江省农业从量的扩张向质的提高转变，提高现代农业的发展水平；有利于适应入世后日趋激烈的农产品市场竞争，突破国际贸易"技术壁垒"的限制，扩大浙江省农产品出口；有利于引导农业生产者保护环境，合理利用资源，促进农业可持续发展。

27. 农产品质量安全和标准化财政扶助政策的具体内容是什么？

各级财政将农产品质量安全和标准化工作所需资金列入年度预算，并逐年加大扶持力度。省财政每年通过政府购买服务等方式，开展主要农产品标准制定、农产品质量抽检等。对浙江省重要的特色农产品、出口农产品、市场消费量大的农产品，逐个进行农产品产地环境、生产、加工、上市等全过程的标准制定和标准推广，落实标准化实施方案和安全质量管理措施。

八、政策性农业保险

28. 什么是政策性农业保险？

政策性农业保险是指政府为了实现特定的政策目标，通过对农业保险参与主体提供一定的扶持、优惠或补贴等促进政策实施的一种制度安排。浙江省政策性农业保险，主要以种植业、养殖业和林业中的主要农畜产品为参保对象，以保护农户灾后恢复生产能力为出发点，实施政府推动、农户自愿、市场运作的工作机制，政府对参保险种给予一定比例的保费补贴。

29. 政策性农业保险与商业性农业保险有什么区别？

政策性农业保险是有政府扶持的农业保险，政府对设定的险种给予一定的政策支持和优惠，比如给予投保农户一定的保费补贴。而商业性农业保险则由保险公司自主经营，在经营和操作过程中同政策性农业保险有很大区别。具体地讲，它们之间的区别体现在以下方面：

政策性农业保险	商业性农业保险
"共保经营"为主,共保体主承保人具体承办	商业保险公司自主经营
不以营利为目的,社会效益优先	企业经营行为,公司效益优先
政府对参保农户进行保费补贴	完全由投保农民自缴保费
农户自交保费低,保险责任范围大	农户自交保费高,保险责任范围小
保险品种多	保险品种少

30. 参加政策性农业保险有哪些好处?

政策性农业保险实行自愿原则。参加政策性农业保险,一是可以间接享受政府财政保险费补贴;二是有利于减少灾害带来的损失,减少收入的波动,在灾后能够及时得到赔款,尽快恢复再生产;三是能够从政府和保险公司有关方面得到防灾防损指导和丰产丰收信息;四是可以优先享受信贷等方面的支持;五是有利于提高农业投资的安全性,有效规避自然风险,解除农民的后顾之忧。

31. 政策性农业保险与政府救济是不是一回事?

政策性农业保险与政府救济并不是一回事,政策性农业保险本身是商业行为,由保险公司提供保单,农民自己支付保费的一部分,大部分保费由政府给予补贴。在发生灾害时,政策性农业保险赔款资金一般在损失确定后几日内赔付到位,且金额根据保险合同事先明确,金额比较大,可以基本达到帮助农民恢复再生产的目的。而政府救济是由政府单方面提供的,不确定性大,仅对有特殊情况的给予一定的生活补助,一般来说救济金额较少。

32. 目前浙江省政策性农业保险品种有哪些?

目前,浙江省开办的政策性农业保险省定险种共有22个,有水稻、油菜、大麦、小麦、奶牛、能繁母猪、生猪、鸡、鸭、鹅、淡水鱼、稻田鱼、设施农业大棚、大棚西瓜、露地西瓜、大棚蔬菜、露地蔬菜、葡萄、柑橘树、公益林火灾、商品林火灾、林木综合保险。此外，部分市、县根据当地情况开展了地方特色险种试点，如蚕养殖、食用菌、大棚芦笋、金针菇、茶园种植、生猪价格指数、茶叶气象指数、蘑菇、湖羊、水蜜桃、杨梅采摘期降水气象指数等。

33. 政策性农业保险参保对象有哪些？如何参保？

目前浙江省政策性农业保险省定险种中，能繁母猪、油菜、大麦、小麦、奶牛、公益林火灾、商品林火灾、林木综合保险等品种的参保对象为符合条件的所有农户，其余品种的参保对象为达到一定种养规模的种养大户，具体标准由保险条款确定。对于种植业中集中联片地区的小户散户，可以联系当地政策性农业保险服务站或保险服务代理员提出投保要求，由村、农村经济组织或专业合作社等统一组织参保。农户也可以到所在地的共保体主承保人营业厅直接办理参保手续，或者拨打共保体主承保人服务热线向保险公司提出参保要求，由保险公司派员上门承保。农户需要填写投保单，并如实反映参保的作物畜牧的数量、生产期间、坐落位置、生产管理状况等，如有不真实的反映或存在故意欺诈的情况，将影响今后的赔付和参保权利。

34. 哪些公司是共保体主承保人？

22个省定险种中，水稻、油菜、大麦、小麦、奶牛、能繁母猪、生猪、公益林火灾、商品林火灾、林木综合保险等10个险种由中国人民财产保险责任有限公司各分支机构承保。鸡、鸭、鹅、淡水鱼、稻田鱼、设施农业大棚、大棚西瓜、露地西瓜、大棚蔬菜、露地蔬菜、葡萄、柑橘树等12个险种由共保体各成员单位竞争经营。目前共保体成员单位包括人保、太保、大地、安信、永安、浙商、中华联合、国寿财、太平、平安等10

家财产险公司。地方特色险种属于试点品种,目前没有全省推开,由各县确定保险经营主体。

35. 政府对政策性农业保险的保费补贴比例是多少?农户自交比例是多少?

目前浙江省对政策性农业保险的财政保费补贴共分8档,其中公益林火灾为100%;水稻、大麦、小麦为93%;油菜、能繁母猪为90%;奶牛、生猪(A款与B款)为85%;商品林火灾、林木综合、柑橘树为75%;露地西瓜、设施农业大棚、大棚西瓜、大棚蔬菜、露地蔬菜、葡萄为70%;鸡、鸭、鹅为65%;淡水养鱼、稻田养鱼为60%。政府对政策性农业保险的保费补贴根据保单由各级财政直接支付到承保保险公司。

与上述财政保费补贴对应,对公益林火灾保险农户不交保费,对水稻、大麦、小麦保险农户自交7%;对油菜、能繁母猪保险农户自交10%;对奶牛、生猪保险农户自交15%;对露地西瓜、设施农业大棚、大棚西瓜、大棚蔬菜、露地蔬菜、葡萄保险农户自交30%;对商品林火灾、林木综合、柑橘树保险农户自交25%;对鸡、鸭、鹅保险农户自交35%;对淡水养鱼、稻田养鱼保险农户自交40%。农户自交保费在投保时直接支付给保险公司的经办人员。

36. 参加了政策性农业保险,能保障到什么程度?

政策性农业保险对保险条款上规定的保险责任所造成的损失进行赔偿。考虑到农民支付能力和财政承受能力,目前浙江省政策性农业保险的特点主要是"低保障、低保费、保大灾",以可能遇到的主要自然灾害和疫病等作为保险责任,如台风、暴风暴雨、洪水、干旱、动物疫病等,保障金额基本达到物化成本(生产成本)的50%~100%,还不能弥补农户的所有损失。今后，逐步考虑对农户的种养收入给予保险。

37. 参加政策性农业保险后，要求农户平时做些什么，灾害来临前应做些什么？

参加农业保险后，并不是万事大吉了，平时还是要精心管理，积极进行灾害预防。因为，政策性农业保险并不是任何损失都赔偿，它保障的仅仅是生产成本的一部分，被保险人在受灾后可能还要承受一定的损失。另外，受灾农户要获得正常的赔偿，也需要尽到一定的义务，平时要认真做好田间管理，按照农技部门的要求做好病虫害预防；接受畜牧管理部门和保险公司的防疫、配种、妊娠等指导，畜禽发病后要及时医治，做到早报告、早隔离、早治疗，不能弃之不管。在灾害来临前，要根据农技部门和保险公司的要求认真做好防灾防损工作，积极施救，争取降低灾害损失。

38. 发生灾害事故后，参保农户应采取哪些措施，如何申请理赔？

一旦发生保险责任范围内的事故，参保农户可以向共保体主承保人服务热线进行报案，也可以直接向保险公司委托的政策性农业保险服务站或保险服务代理员报案，在查勘人员到现场前尽可能保护现场不遭破坏，如果受灾险种仍处于危险中，请立即进行施救以减少损失。保险公司人员上门进行查勘定损后，参保农户先要在理赔人员的指导下认真填写出险及索赔通知书、损失确认清单等单证，说明事故发生的原因、经过和损失情况，并协助理赔人员到现场进行清点、定损。有些时候还需要向相关部门开具损失证明，如生猪、鸡、鸭等的疫病死亡，需当地畜牧部门出具病因、无害化处理证明及必要的证明资料。在单证齐全，并达成一致的赔偿协议后，保险公司会在10日内将赔款支付给农户。

39. 什么是政策性农村住房保险？

政策性农村住房保险是由政府组织推动，农户自愿参保，财政给予保费补助，保险公司经营，以农民居住用房为保险对象，按照保险合同约定对倒塌房屋损失予以赔偿的保险制度。

40. 为什么要开展政策性农村住房保险工作？

浙江省地处东南沿海，台风、洪涝、泥石流等自然灾害频发，容易造成农民住房倒塌，因火灾、交通事故造成农村倒房也有一定的数量，农民财产损失比较严重。因此，省委、省政府决定开展政策性农村住房保险工作，实行"农户自愿参保、政府补助推动、保险公司市场运作"的办法，构建农村社会保险体系，完善救灾保障机制，提高广大农民群众的灾后重建能力。

41. 政策性农村住房保险的保险责任有哪些？

政策性农村住房保险的保险责任包括了除地震或核反应、被保险人及其家庭成员的违法犯罪或故意行为、行政行为或司法行为三种情形以外的所有自然灾害和意外事故造成的房屋倒塌损失。

42. 政策性农村住房保险的保费标准是多少？

按照风险系数将全省划分为两大风险区域，温州、台州、丽水三市为一类风险区域，每个农户保费15元，其中农户交费5元，政府补助10元。杭州、舟山、绍兴、湖州、嘉兴、衢州、金华七市为二类风险区域，每个农户每年保费10元，其中农户交费3元，政府补助7元。

43. 政策性农村住房保险的保费缴纳机制如何？

财政补助与农户自愿参保相结合，农户不参保，政府不补助。农村低保户和没有实行集中供养的"五保"人员，其自交保费部分由财政给予全额补助。财政补助款根据保单直接支付到经办保险公司。

44. 政策性农村住房保险的赔偿标准是什么？

保险公司将对符合以下7种情形的房屋倒塌给予赔偿：房屋两面（含）以上墙壁倒塌；房屋屋顶坍塌；楼板坍塌；房屋主体结构毁坏；墙基冲毁，难以修复；因洪涝长期浸泡造成墙体损毁；无显性损毁，但经建设部门鉴定，应当整体拆除重建。保险公司按房屋倒塌程度划分三个等级：一般倒塌按每自然间1250元予以赔偿；较严重倒塌按每自然间2500元予以赔偿；严重倒塌按每自然间4500元予以赔偿。具体评定等级标准详见保险条款，每处投保房屋的最高赔偿限额为22500元。

45. 如何参加政策性农村住房保险？

全省范围内具有浙江农业户籍的农村居民用于生活居住的自有房屋，均可自愿参加政策性农村住房保险。若一户有多处房屋的，政府补助一处房屋参保，其他房屋可自愿选择投保商业性农村住房保险。农户以行政村为单位到中国人民财产保险股份有限公司的当地分支机构办理投保。

46. 如何进行理赔？保险争议如何处理？

农户在灾后及时向保险公司"95518"（24小时服务）热线报案，保险公司将及时上门查勘定损。在双方达成有关赔偿金额协议后的3个工作日内支付赔款。属于倒塌房屋鉴定争议的，提交当地民政部门的倒塌房屋裁定办公室裁定。

47. 什么是地方特色农业保险？

地方特色农业保险是指除省定的22个险种以外，由地方自主开办并予以财政支持的政策性农业保险。一般来说，地方特色农业保险主要围绕当地种植或养殖的，具有一定生产规模的优势品种，例如茶叶、杨梅、湖羊、青蟹等农产品，同时由于地方特色农业保险是基于区域特色农产品的生产情况设计开发，并由当地提供财政保费补贴支持，因此仅限于当地使用。

48. 农户如何开展地方特色农业保险？

在已开办相关地方特色农业保险的地区，农户可直接向政府指定的经办保险公司投保，享受财政保费补贴政策，并缴纳农户自交保费，其承保理赔手续与政策性农业保险相同。对于未开展相关地方特色农业保险的地区，在区域种植或养殖形成一定规模的条件下，农户可向当地政府相关部门提出开展地方特色农业保险的需求，经当地政府及农险办同意，明确保险方案与财政支持政策后，再向指定的经办保险公司投保。

49. 政府对地方特色农业保险的保费补贴比例是多少？农户自负比例是多少？

地方特色农业保险的保费补贴比例由当地政府自行确定，因此各地保费补贴比例有较大差异，一般来说，财政保费补贴比例在30%~80%之间。其中对于各地开展的省级试点险种，省财政按"以奖代补"的方式再给予20%~30%的保费补贴。对应以上财政保费补贴政策，农户自负比例一般在40%~10%之间。

九、后备母牛补贴

50. 实行后备母牛补贴的目的是什么？

实行后备母牛补贴的目的是加快培育优质奶牛后备资源，促进浙江省奶业持续健康发展。

51. 后备母牛补贴对象和标准是怎么认定的？

列入省补贴范围的优质后备母牛，必须是从出生到初次产犊前的健康母牛，且符合以下条件：（1）奶牛总存栏10头以上且其中成母牛存栏5头以上（含5头），为奶牛养殖场（户）自繁自养，或经县（市、区）级动物卫生监督机构审核，省级动物卫生监督机构批准购进并持有输出地动物卫生监督机构签发的动物检疫合格证明。（2）按规定落实强制免疫措施，经监测奶牛结核病、布氏杆菌病呈阴性，并按省农业行政主管部门规定的存栏规模要求完成全省统一系谱登记编号。（3）国家和省有关法律、法规和政策规定的其他条件。

52. 后备母牛的补贴标准是多少？

财政按每头 500 元的标准给予一次性补贴。其中：财政转移支付一类地区由省财政承担 80%，县（市、区）财政承担 20%；其他地区由省财政承担 20%，县（市、区）财政承担 80%。后备母牛的补贴通过"一卡通"或"一折通"的形式，一次性足额发放到奶牛养殖场（户）。

十、森林生态效益补偿

53. 什么是森林生态效益补偿基金？依据是什么？

森林生态效益补偿基金（以下简称"补偿基金"），是指各级政府依法设立的用于公益林营造、抚育、保护和管理以及对公益林投资经营者从事上述活动所发生的支出给予补偿的专项资金。森林生态效益补偿基金是根据《中华人民共和国森林法》《浙江省森林管理条例》《中央财政森林生态效益补偿基金管理办法》《浙江省公益林管理办法》等设立的。

54. 森林生态效益补偿基金的支出如何构成？

补偿基金的支出由补偿支出和管护支出构成。管护支出包括护林人员管护费用、公共管护费用和管理费用支出。

55. 森林生态效益补偿基金的补偿范围包括哪些？

补偿基金的补偿范围为依据国家和省有关规定划定，经批准公布的国家级和省级公益林。

56. 森林生态效益补偿基金的补偿对象有哪些？

补偿基金的补偿对象，按资金的不同用途和山林权属、经营管理主体不同确定。

（1）补偿支出的补偿对象：①林木所有权和林地使用权归林农个人的承包山、自留山，补偿对象为农户。②林木所有权和林地使用权归集体经济组织的集体统管山，补偿对象为相应的集体经济组织。③划入自然保护区的集体统管山或林农个人的承包山、自留山，补偿对象为相应的集体经济组织或农户。④依法签订了承包、租赁等流转合同（或协议）的山林，在合同（或协议）有效期内，合同（或协议）中已明确约定补偿受益人的，补偿对象为合同（或协议）约定的受益人；合同（或协议）中没有明确约定补偿受益人的，合同双方应协商确定补偿对象及相应份额，并签订补充合同（或协议）。⑤公益林发生调整变化的，相应的补偿基金应调整用于对新增补的公益林补偿对象的补偿，确保公益林建设任务与资金补偿面积保持一致。

（2）管护支出的补助对象：①管护人员管护费用的补助对象，为对公益林实施管护的护林人员和对护林人员统一实施劳动保障、培训的单位。国有山林的补助对象为相应的国有林场、自然保护区等国有林业单位；委托其他单位经营管理的零星国有林，补助对象由委托和受托双方协商确定。划入自然保护区的集体统管山或林农个人的承包山、自留山林的补助对象为实施统一管护的自然保护区；实行自然保护区和周边乡（镇）村共同管护的，则由自然保护区和周边乡（镇）村协商确定。②公共管护费用的补助对象，为在公益林区内从事森林防火、林业有害生物防治、森林资源与生态状况监测等项目的实施单位。③管理费用的补助对象，为承担公益林的区划、界定、宣传、培训、信息系统建设、检查、验收、考核等管理工作的县级以上林业主管部门和乡（镇）政府（或林业工作站）。

57. 森林生态效益补偿的标准是多少？

按照省委、省政府确定的"逐步建立和完善分类补偿与分档补助相结合，量力而行，分步推进，补偿标准基本合理的森林生态效益补偿制度"的总体目标，2018年省级以上公益林的最低补偿标准为30元/亩，主要干流和重要支流源头县及国家级和省级自然保护区等重要区域省级以上公益林最低补偿标准为40元/亩，省级以上森林类自然保护区集体林租赁价为48.2元/亩。

58. 森林生态效益补偿基金拨付程序是怎样的？

中央和省补助资金按预算级次下拨。市、县（市、区）财政部门，对补偿基金实行专户管理、专款专用、专账核算。县级财政部门应按补偿基金的支出构成分别拨付，同时将拨付资金情况告知相应的乡（镇）村。

（1）补偿支出和国有山林管护支出补助资金。每年应于中央和省补助资金到位后的两个月内与本级补偿基金一并由县级财政部门直接拨入为农户、集体或国有单位统一开立的银行存款账户。

（2）护林人员管护费用。护林人员的劳务报酬由县级财政部门根据县级林业主管部门会同乡镇提交的护林人员名册及管护考核结果的经费安排计划，审核后直接拨入其个人银行账户；护林人员的劳动保障、培训费用由县级财政部门根据县级林业主管部门的年度用款计划，审核后先行拨入县级林业主管部门的专用账户，用于统一办理、采购护林人员的劳动保障用品，根据各乡镇的护林人员培训计划下拨培训费用。

（3）公共管护费用支出。由县级财政部门直接拨付至项目实施单位。

（4）管理费用支出。由县级财政部门直接拨付至承担相应公共管理任务的县级林业主管部门、乡（镇）政府等单位。

十一、农业综合开发

59. 什么是农业综合开发？农业综合开发的政策依据是什么？

农业综合开发是政府为支持农业发展，改善农业生产基本条件，优化农业和农村经济结构，提高农业综合生产能力和综合效益，设立专项资金对农业资源进行综合开发利用和保护的活动。农业综合开发的政策依据是《国家农业综合开发资金和项目管理办法》（财政部令第 84 号）、《浙江省农业综合开发资金和项目管理实施办法》（浙财农发〔2017〕3 号）。

60. 农业综合开发资金如何筹集？

农业综合开发资金包括财政资金、自筹资金、银行贷款和其他资金。农业综合开发财政资金由中央财政资金、省财政资金和市、县（市、区）财政资金组成。各级财政资金列入同级政府年度预算。自筹资金投入比例根据项目类型和不同扶持对象确定，投入的主要形式是村级集体和农民筹资投劳及其他新型农业经营主体、灌区管理机构等项目单位的自筹资金。土地治理项目的村级集体和农民筹资投劳应遵循"农民自愿、量力而行、民主决策、数量控制"和"谁受益、谁负担"的原则，按照村内"一事一议"的办法进行筹集和管理。龙头企业和农民专业合作社实施的产业化发展财政补助项目自筹资金不得少于财政补助资金总额。

农业生产类

61. 农业综合开发有哪几种项目类型？

农业综合开发项目包括土地治理项目和产业化发展项目，鼓励探索农业综合开发园区等创新试点项目。

土地治理项目包括高标准农田建设、生态综合治理、中型灌区节水配套等。

产业化发展项目包括经济林及设施农业种植基地、养殖基地建设、农产品加工、农产品流通设施建设、新型经营主体培育、农业社会化服务体系建设等。按扶持方式不同，分为产业化发展财政补助项目和产业化发展贷款贴息项目。

62. 农业综合开发土地治理项目扶持的重点是什么？

土地治理项目以高标准农田建设为重点，加强农田基础设施建设，围绕粮食生产功能区、现代农业园区和特色优势农产品产业带规划，通过田、水、路、林、山综合治理，水利、农业、林业、科技措施综合配套，提高农业综合生产能力，着力促进农业可持续发展，实现经济、社会、生态效益的统一，助推现代农业发展。

63. 对农业综合开发土地治理项目有哪些扶持政策？

农业综合开发土地治理扶持政策按不同项目确定扶持标准：

高标准农田建设项目区应耕地资源丰富，开发潜力较大；水源有保证，灌排骨干工程建设条件基本具备，农业灌溉以利用地表水为主；区域产业发展规划明确，有一定的产业发展基础；新型农业经营主体具有一定规模；地方政府和农民群众积极性较高。重点在资源环境承载能力强、能够永续利用的区域建设高标准农田；禁止在坡度25度以上坡耕地、退耕还林还草地区、土壤污染严重地区、地下水超采严重地区、自然保护区的核心区和缓冲区以及围湖造田、填海造田区建设高标准农田。单个项目治理面积，原则上平原地区不低于5000亩、丘陵山区不低于2000亩。新型农业经营主体建设高标准农田试点项目，单个项目连片治理面积不低于200亩。目前，高标准农田建设项目省以上财政资金的亩补助标准为不高于1400元和不高于1200元两档。

小流域治理项目应以小流域为单元，按照流域或邻近流域进行统筹规划，项目流域（集雨）面积不超过20平方公里，治理面积不低于5000亩（含坡度25度以下相对集中连片需要实施水利、农业、林业、科技等实体工程措施的坡耕地及经济林地面积，其中耕地面积不少于1000亩）。治理面积省以上财政资金补助标准与高标准农田建设项目标准相同，重要水利单项工程按工程量确定省以上财政资金补助标准。

64. 农业综合开发土地治理项目申报需准备哪些材料？

申报主体向市、县（市、区）农业综合开发办公室申报项目时，应提供如下申报材料：（1）立项的申请文件；（2）项目可行性研究报告；（3）申报主体对项目建设内容真实性以及不多头申报项目的书面承诺；（3）乡镇、项目涉及村（农业经营主体）同意落实政策处理事宜的书面承诺；（4）自筹资金来源及落实措施的证明；（5）有新建（续建、扩建）小Ⅱ型水库的项目还需报水库初步设计方案，并附报水行政主管部门出具的新建（续建、扩建）水库批文和水库建设涉及耕地、林地占用等相关政策处理事宜的书面承诺。

65. 农业综合开发土地治理项目如何进行工程管护？

土地治理项目县级验收完成后，应明确管护主体，及时办理移交手续。管护主体一般按工程性质与工程所在地理位置来确定。跨乡镇工程管护主体为县级人民政府确定的管理机构。跨村工程管护主体为乡镇有关管理机构。村内工程管护主体为村民委员会或者农民专业合作组织。已明确归属农户（企业）管理的工程或设施，由受益农户（企业）负责管护。

66. 农业综合开发产业化发展项目扶持的对象有哪些？

产业化发展项目扶持的对象为符合农业综合开发立项条件的专业大户、家庭农场、农民合作社和涉农企业等。

67. 农业综合开发产业化发展项目申请立项时需提供哪些申报材料？

申请产业化发展财政补助项目：涉农企业申报须向开发县农发办提供项目可行性研究报告及相关附件；农民合作社申报须提供项目申报书及相关附件。

申请产业化发展贷款贴息项目：项目单位须编报贷款贴息项目申报书，简要描述项目单位基本情况、项目建设内容、投资估算与资金筹措、效益分析及附开发县农发办认为需要提供的其他材料。

68. 农业综合开发土地治理项目的评审程序如何？

申报主体提交农业综合开发土地治理项目立项申请，市、县（市、区）农发办对申报主体申报的项目进行筛选后，申报主体编制项目可行性研究报告。市、县（市、区）农发办召集水利、农业、国土、林业等相关部门专家对可行性研究报告进行初步审核，组织专家对申报项目进行实地查勘，形成审核意见和考察意见。省农发办组织专家对各地上报的项目可行性研究报告文本进行评审，可根据需要抽取项目进行实地考察，评审意见和考察意见作为项目立项的重要依据。

69. 农业综合开发产业化发展项目的评审程序如何？

申报主体向当地农发办提交项目建议书，市、县（市、区）农发办对申报主体申报的项目进行考察筛选后，申报主体编制项目可行性研究报告（或申报材料），市、县（市、区）农发办组织专家对可行性研究报告（或申报材料）进行初步审核，形成审核意见。设区市农发办组织专家对所辖县（市、区）上报的项目可行性研究报告（或申报材料）进行评审，并根据需要抽取项目进行实地考察。各设区市农发办评审结束后，将评审结果正式行文上报省农发办备案，省农发办采取备案材料审核的方式对评审工作进行指导和监督。

70. 农业综合开发项目如何进行竣工验收？

农业综合开发项目竣工验收是指对批准立项实施的农业综合开发项目及相关工作进行核查，以核实项目实施计划完成情况、核查资金使用和项目建设情况以及查验项目工程质量管理情况为重点，并作出综合评价。验收形式由农发办直接组织或委托中介机构进行验收。验收工作流程一般为制订方案、下达通知、开展验收、交换意见、提交报告等。最后根据项目验收量化评分及存在问题整改情况，对验收项目提出"合格"或"不合格"的意见。

71. 农业综合开发财政资金出现违规违纪行为如何处理？

对于发生违规违纪行为的，由上级主管部门按照管理权限，根据权责统一、分级管理的原则，依照《农业综合开发财政资金违规违纪行为处理办法》处理。违规违纪行为一经发现，应及时制止、纠正，并根据事实和情节轻重，分别给予扣减下一年度财政资金指标、不予安排新增资金、调减现有投入规模、暂停农业综合开发县资格直至取消开发县资格等处理。有财政违法行为的，按照《预算法》和《财政违法行为处罚处分条例》进行处理、处罚、处分。

农村社会保障类

一、社会救助制度

72. 社会救助的原则是什么？具体包括哪些专项救助制度？

社会救助坚持托底线、救急难、可持续，与其他社会保障制度相衔接，社会救助水平与经济发展水平相适应。社会救助工作遵循公开、公平、公正、及时和分层分类救助的原则。

社会救助主要包括最低生活保障、特困人员供养、自然灾害救助、医疗救助、教育救助、住房救助、就业救助和临时救助等社会救助活动。

73. 实施社会救助制度的依据有哪些？

近年来，中央及省里出台了若干法规、规章和政策性文件，基本覆盖了所有困难群众及各类困难问题，形成了较为完整的社会救助政策法规体系。主要包括：《社会救助暂行办法》（国务院令2014年第649号）、《浙江省社会救助条例》（浙江省人民代表大会常务委员会公告2014年第18号）、《浙江省最低生活保障办法》（省政府令358号）、《浙江省人民政府办公厅关于进一步完善医疗救助制度有关问题的通知》（浙政办发〔2014

121号)、《浙江省人民政府关于印发浙江省临时救助办法的通知》(浙政发〔2015〕35号)、《浙江省人民政府关于进一步完善困难群众基本生活价格补贴机制的通知》(浙政发〔2011〕58号)、《浙江省人民政府办公厅关于印发浙江省自然灾害救助应急预案的通知》(浙政办发〔2012〕156号)、《浙江省财政厅、浙江省住房和城乡建设厅关于印发〈浙江省农房救助和示范村建设专项资金管理办法〉的通知》(浙财建〔2013〕171号)等。

74. 最低生活保障对象及标准如何确定？申请审批程序是怎样的？

(1) 最低生活保障对象及标准的确定。

国家对共同生活的家庭成员人均收入低于当地最低生活保障标准，且符合当地最低生活保障家庭财产状况规定的家庭，给予最低生活保障。最低生活保障标准按照当地居民生活必需的费用确定，并根据当地经济社会发展水平和物价变动情况适时调整。居民生活必需的费用参照当地城乡居民人均消费支出的一定比例确定，也可以参照当地城乡居民人均可支配收入或者最低工资标准的一定比例确定。参照最低工资标准确定的，城镇最低生活保障标准在当地月最低工资标准的40%~50%确定。农村最低生活保障标准不低于当地城镇最低生活保障标准的70%，并逐步缩小城乡差距。有条件的地方可以实行城乡统一的最低生活保障标准。

(2) 申请审批程序。

申请最低生活保障，由共同生活的家庭成员向户籍所在地的乡镇人民政府、街道办事处提出；家庭成员申请有困难的，村民委员会、居民委员会应当协助其提出申请。乡镇人民政府、街道办事处应当自接到最低生活保障申请之日起15个工作日内，通过入户调查、邻里访问、群众评议、信息核查等方式，对申请人的家庭收入状况、财产状况进行调查核实，提出初审意见，并在申请人所在村、社区公示 7 日，公示期满后 3 个工作日，后报县级人民政府民政部门审批。县级人民政府民政部门应当自收到初审意见之日起 5 个工作日内予以审批。对符合条件的申请予以批准，并在申请人所在村、社区公布；对不符合条件的申请不予批准，并书面说明理由。

对获得最低生活保障的家庭，县级人民政府民政部门按照共同生活的家庭成员人均月收入低于当地最低生活保障标准的差额按月发给最低生活保障金。

75. 医疗救助对象有哪些？标准是多少？申请审批程序是怎样的？

（1）医疗救助对象。

可以申请医疗救助的对象为：特困供养人员；最低生活保障家庭成员；最低生活保障边缘家庭成员；因患大病规定范围内的医疗费用自负部分超出家庭承受能力，导致家庭实际生活水平低于当地最低生活保障边缘家庭标准的人员；县级以上人民政府规定的其他特殊困难人员。

（2）医疗救助标准。

特困供养人员基本医疗费用全额解决；最低生活保障家庭成员住院自负合规医疗费用救助比例不低于 70%；最低生活保障边缘家庭成员住院自负比例不低于 60%；因病致贫人员和当地政府规定的其他救助对象住院自负合规医疗费用救助比例不低于 50%。以上各类救助情形，年度救助封顶线均不低于 8 万元。

（3）申请审批程序。

申请医疗救助，由本人或者共同生活的家庭成员向户籍所在地的乡镇人民政府、街道办事处提出，经乡镇人民政府、街道办事处审核提出初审意见，并在申请人所在村、社区公示 7 日后，报县级人民政府民政部门审批。最低生活保障家庭成员、特困供养人员和最低生活保障边缘家庭成员可以凭相关证件直接获得医疗救助。具体申请程序和做法，按当地政府和民政等职能部门的规定执行。

76. 临时救助对象有哪些？标准是多少？申请审批程序是怎样的？

（1）临时救助对象。

有下列情形之一的家庭，可以申请临时救助：因火灾、交通事故等意外事故，或者家庭成员突发大病等原因，导致基本生活暂时出现严重困难的家庭；因生活必需支出突然增加超出家庭承受能力，导致基本生活暂时出现严重困难的最低生活保障家庭和最低生活保障边缘家庭；县级以上人民政府规定的其他遭遇特殊困难的家庭。

（2）临时救助标准。

对临时救助对象，根据其困难程度和不同情形，分别给予以下救助：给予每人当地最低生活保障标准 6 倍以下的一次性基本生活救助，特别困难的，可以适当增加，但最高不超过当地最低生活保障标准的 12 倍；因火灾等情形，救助对象住房损毁、无处居住的，根据需要给予临时安置，并参照自然灾害救助标准给予住房修建补助；县级以上人民政府规定的其他临时救助措施。临时救助的具体事项和标准，由县级以上人民政府确定、公布。

（3）申请审批程序。

申请临时救助，应当向乡镇人民政府、街道办事处提出，经乡镇人民政府、街道办事处审核提出初审意见，并在申请人所在村、社区公示7日后，报县级人民政府民政部门审批；救助金额较小的，县级人民政府民政部门可以委托乡镇人民政府、街道办事处审批。情况紧急的，可以按照规定简化审批程序。

77. 特困人员供养对象及标准如何确定？申请审批程序是怎样的？

（1）供养对象及标准。

对无劳动能力、无生活来源且无法定赡养、抚养、扶养义务人的，或者其法定赡养、抚养、扶养义务人无赡养、抚养、扶养能力的老年人、残疾人以及未满16周岁的未成年人，按照国家和省的有关规定给予特困人员供养。特困人员供养标准，由县级以上人民政府确定、公布。

（2）申请审批程序。

申请特困人员供养，由本人向户籍所在地的乡镇人民政府、街道办事处提出；本人申请有困难的，村民委员会、居民委员会应当协助其提出申请。特困人员供养的审批程序同最低生活保障。

78. 教育救助对象有哪些？如何救助？申请审批程序是怎样的？

（1）教育救助对象。

对接受学前教育、义务教育、高中教育（含中等职业教育）、普通高等教育的最低生活保障家庭成员、特困供养人员、最低生活保障边缘家庭成员，以及不能入学接受义务教育的残疾儿童，给予教育救助。

（2）教育救助方式。

对教育救助对象，根据不同教育阶段，分别给予下列救助：

对学前教育阶段的救助对象减免保育教育费；对义务教育阶段的救助对象免除住宿费，根据实际情况给予营养餐等生活补助；对高中教育阶段（含中等职业教育）的救助对象免除学费、发放国家助学金；对普通高等教育阶段的救助对象根据实际情况分别给予发放国家助学金、临时困难补助、减免学费、安排勤工助学等救助或者提供国家助学贷款。对不能入学接受义务教育的残疾儿童，提供送教上门、远程教育或者其他适合残疾儿童特点的服务。

（3）申请审批程序。

申请教育救助，应当向就读学校提出。学前教育、义务教育、高中教育阶段的教育救助，由学校报经教育行政部门审核、确认；普通高等教育阶段的教育救助，由学校按国家和省有关规定审核、确认。

79. 就业救助对象有哪些？如何救助？申请审批程序怎样？

（1）就业救助对象。

最低生活保障家庭、最低生活保障边缘家庭中法定劳动年龄内有劳动能力并处于失业状态的成员。

（2）就业救助方式。

救助方式有贷款贴息、社会保险补贴、岗位补贴、培训补贴、费用减免、公益性岗位安置、职业技能鉴定补贴等。

（3）申请审批程序。

申请就业救助，应当向户籍所在地乡镇（街道）、社区（村）公共就业服务机构提出，公共就业服务机构核实后予以登记，并免费提供就业岗位信息、职业介绍、职业指导等就业服务。

最低生活保障家庭中法定劳动年龄内有劳动能力但未就业的

成员，应当接受人力资源和社会保障等有关部门介绍的工作。无正当理由，且在6个月内连续三次拒绝接受介绍的与其健康状况、劳动能力等相适应的工作的，人力资源和社会保障等有关部门应当告知同级民政部门，民政部门应当决定减发或者停发其本人的最低生活保障金。

二、被征地农民基本生活保障政策

80. 被征地农民基本生活保障政策实施的时间和依据是什么？

2003年，省劳动保障厅等五部门出台了《关于建立被征地农民基本生活保障制度的指导意见》（浙劳社农〔2003〕79号），全省各地开始建立被征地农民基本生活保障制度。随着《浙江省人民政府关于建立被征地农民社会保障制度的通知》（浙政发〔2003〕26号）和《浙江省人民政府办公厅关于深化完善被征地农民社会保障工作的通知》（浙政办发〔2005〕33号）等文件的陆续出台，浙江省被征地农民基本生活保障制度不断完善。2007年开始，浙江省被征地农民基本生活保障进入立法阶段。2009年8月，《浙江省征地补偿和被征地农民基本生活保障办法》经省政府常务会议通过并以政府令颁布，于2010年1月1日起实施。2014年5月，《浙江省人民政府关于调整完善征地补偿安置政策的通知》（浙政发〔2014〕19号），进一步完善被征地农民基本生活保障与相关养老保险制度的政策衔接。

81. 被征地农民基本生活保障的对象和保障形式是什么？

农民集体所有的耕地和其他农用地按规定被征收的，按照被征收土地的数量和对应的人员，确定参加基本生活保障的对象。

对象的名单,由被征地的农村集体经济组织提出,按规定程序公示和报经审核批准。对征地时未满16周岁的人员,不纳入基本生活保障,一次性发给其应得的土地补偿费和安置补助费。被征地农户承包地被征收后,农村集体经济组织从土地整治新增耕地或预留机动地中调剂安排质量和数量相当的土地给被征地农户承包经营,参保对象可以在集体经济组织内部推选产生;未调剂安排的,要安排被征地农户家庭成员参保。

浙江省被征地农民基本生活保障实行不同对象分类保障:(1)对征地时已经是劳动年龄段以上的人员,直接实行养老保障,并建立个人专户与社会统筹相结合的制度。个人专户由集体和个人缴费组成,政府出资部分不记入个人专户,进入社会统筹账户以作调剂之用。缴费标准由当地政府确定,保障对象享受的待遇应与缴费水平挂钩,并与当地经济发展和承受能力相适应。(2)对征地时属于劳动年龄段内的人员,为其建立个人专户,个人专户由集体和个人缴纳的费用组成,政府出资部分进入社会统筹账户。对未能就业,且生活确有困难的,由其所在地市、县人民政府给予一定的生活补助费,补助标准、发放期限以及具体发放办法由市、县人民政府制定。在到达领取年龄时,可享受基本生活保障金。

82. 被征地农民基本生活保障资金的来源和筹资模式如何?

被征地农民基本生活保障资金由政府、村集体经济组织、个人三方共同出资筹集。从2010年开始,政府承担比例不低于保障资金总额的30%。

83. 被征地农民基本生活保障资金主要用于哪些范围?

被征地农民基本生活保障资金主要用于按规定支付的基本生活保障金、生活补助费和省人民政府及有关部门规定的与被征地农民社会保障有关的其他支出。

84. 被征地农民基本生活保障享受年龄和待遇如何？

参加基本生活保障的被征地农民，自女性满 55 周岁、男性满 60 周岁的次月起，可按月领取基本生活保障金，基本生活保障金由个人账户和社会统筹账户按照筹资比例分别支付。参保人员死亡的，其个人账户中本息余额可以依法继承。

85. 被征地农民基本生活保障制度与相关养老保险制度如何衔接？

自 2014 年 7 月 1 日起，经核定属于被征地农民基本生活保障范围的新增被征地农民和已参加被征地农民基本生活保障的被征地农民，可按规定选择参加职工基本养老保险或城乡居民基本养老保险。

86. 城乡居民基本养老保险的参保对象有哪些？

具有浙江省户籍，年满 16 周岁（不含在校学生），非国家机关、事业单位、社会团体工作人员及不属于职工基本养老保险制度覆盖范围的城乡居民，可在户籍地参加城乡居民基本养老保险。

87. 城乡居民基本养老保险基金如何筹集？

城乡居民基本养老保险主要由个人缴费、集体补助和政府补贴构成。目前个人缴费标准设为每年 100 元、200 元、300 元、400 元、500 元、600 元、700 元、800 元、900 元、1000 元、1500 元、2000 元 12 个档次，各地可根据当地实际情况适当调整缴费档次，最高缴费档次标准原则上不超过当地个体劳动者参加职工基本养老保险的年缴费额。参保人可以自主选择档次缴费，多缴多得。

有条件的村集体经济组织应当对参保人缴费给予补助，补助标准由村民委员会召开村民会议民主确定，鼓励有条件的社区将集体补助纳入社区公共事业资金筹集范围。鼓励其他经济组织、社会公益组织、个人为参保人缴费提供资助。补助、资助金额不超过当地设定的最高缴费档次标准。

政府补贴主要包括支付基础养老金、参保人个人缴费补贴、缴费年限养老金、高龄补贴、丧葬补贴和复退军人优待养老金等。

88. 城乡居民养老金待遇的领取条件是什么？

具有本省户籍，年满60周岁、累计缴费满15年，未享受国家机关、事业单位、社会团体离休、退休、退职待遇和职工基本养老保险待遇的城乡居民基本养老保险参保人员，可以按月领取养老待遇。

城乡居民基本养老保险制度启动实施当年已年满60周岁，未享受国家机关、事业单位、社会团体离休、退休、退职待遇和职工基本养老金待遇的本省户籍城乡居民，可以按月享受基础养老金。距领取年龄缴费不足15年的，应按年缴费，也允许补缴，年补缴额不得低于当地当年的最低缴费标准，累计缴费年限不超过15年；距领取年龄缴费超过15年（含15年）的，应按年缴费，累计缴费年限不少于15年。

89. 城乡居民养老金待遇包括哪些内容？

城乡居民养老金待遇包括基础养老金、个人账户养老金和缴费年限养老金等。浙江省基础养老金最低标准从2017年1月1日起调整为每人每月135元。个人账户养老金月标准为参保人个人账户全部储存额除以139。缴费年限养老金月计发标准根据长缴多得的原则，按缴费年限分段累加计发：缴费年限为15年的，其月缴费年限养老金为30元；缴费年限为16年以上的，其月缴费年限养老金在30元的基础上,从第16年起,缴费年限每增加1年,增发5元。已领取养老金待遇的参保人员,死亡时可以享受相当于基础养老金20个月额度的丧葬补助费。对参加城乡居民社会养老保险的复员退伍军人,军龄可视同缴费,并加发每人每月40元优待养老金。从2011年4月1日起,对年满80周岁的高龄参保老人,在享受城乡居民养老金待遇的同时,每月给予不低于30元的高龄补贴。

90. 城乡居民基本养老保险制度与其他有关制度如何衔接?

(1)与职工基本养老保险制度的衔接。既参加过职工基本养老保险,又参加过城乡居民基本养老保险两项制度人员(以下简称"两项制度参保人员"),达到职工基本养老保险法定退休年龄后,职工基本养老保险缴费年限不足15年的,可先申请按当地个体劳动者缴费标准延长缴费至满15年,再申请办理从城乡居民基本养老保险转入职工基本养老保险的衔接手续。

两项制度参保人员达到职工基本养老保险法定退休年龄后,职工基本养老保险缴费年限不足15年的,不愿延长缴费,也不申请从职工基本养老保险转入城乡居民基本养老保险的人员,可按《实施〈中华人民共和国社会保险法〉若干规定》(人社部第13号令)和《浙江省职工基本养老保险条例》规定申请终止职工基本养老保险关系,其个人账户储存额一次性支付给本人,并按缴费年限(包括视同缴费年限)每满一年发给一个月的本人指数化月平均缴费工资。

两项制度参保人员达到职工基本养老保险法定退休年龄后,职工基本养老保险缴费年限满15年(含延长缴费至15年),不申请从城乡居民基本养老保险转入职工基本养老保险的,其城乡居民基本养老保险个人账户中个人缴费、集体补助、实际缴费年限财政缴费补贴资金及其利息一次性支付给本人，同时终止城乡居民基本养老保险关系；申请从城乡居民基本养老保险转入职工基本养老保险的，其城乡居民基本养老保险个人账户中个人缴费、集体补助、实际缴费年限财政缴费补贴资金及其利息并入职工基本养老保险个人账户。

两项制度参保人员达到职工基本养老保险法定退休年龄，因职工基本养老保险缴费年限不足15年申请延长缴费，且在延长缴费期间年满60周岁符合城乡居民基本养老保险待遇领取条件的，可按月享受参保地的基础养老金，待其延长缴费至满15年，按《浙江省职工基本养老保险条例》规定按月领取职工基本养老保险待遇，不再享受城乡居民基本养老保险基础养老金。

（2）与被征地农民基本生活保障制度的衔接。城乡居民基本养老保险制度实施后，参加城乡居民基本养老保险的农村居民，如被征地且符合参加被征地农民基本生活保障条件的，可以同时参加被征地农民基本生活保障，叠加享受城乡居民基本养老金和被征地农民基本生活保障金。

（3）与其他保障待遇的衔接。符合享受城乡居民基本养老保险待遇条件的人员，如符合享受水库移民后期扶持政策、精减职工生活补助、计划外长期临时工生活补助、遗属生活补助等待遇条件，城乡居民养老金与上述补助政策可叠加享受。与最低生活保障、计划生育家庭奖励扶助、社会优抚、农村"五保"和城镇"三无"人员供养的待遇衔接按相关规定执行。城乡居民基本养老保险参保人员如同时符合享受其他丧葬待遇条件的，其丧葬待遇按就高不就低的原则确定，不重复享受。

上述规定，今后国家有规定的，从其规定。

三、城乡居民基本医疗保险政策

91. 什么是城乡居民基本医疗保险?

城乡居民基本医疗保险是根据《国务院关于整合城乡居民基本医疗保险制度的意见》(国发〔2016〕3号)文件精神,通过整合城镇居民基本医疗保险和新型农村合作医疗两项制度后建立的城乡统一的居民基本医疗保险制度。统一的城乡居民基本医疗保险制度是推进医药卫生体制改革、实现城乡居民公平享有基本医疗保险权益、促进社会公平正义、增进人民福祉的重大举措,对促进城乡经济社会协调发展、全面建成小康社会具有重要意义。

92. 城乡居民基本医疗保险的参保对象有哪些?

凡浙江省内不属于职工基本医疗保险参保范围,符合以下条件之一的人员均可参加城乡居民基本医疗保险:具有浙江省户籍的居民;在浙江省内就读的全日制学生;国家、省、市和县(市、区)规定的其他人员。

93. 城乡居民基本医疗保险基金是如何筹集的?

城乡居民基本医疗保险坚持多渠道筹资,实行个人缴费与政府补助相结合为主的筹资方式,鼓励集体、单位或其他社会经济组织给予扶持或资助。2018年浙江省城乡居民基本医保各级财政补助最低标准为510元。省财政对全省两类六档地区转移支付标准分别为每人每年321元、291元、256元、193元、130元和68元。

对特困人员、最低生活保障家庭成员、最低生活保障边缘家庭成员、丧失劳动能力的残疾人和当地政府确定的其他特殊困难人员的个人缴费部分,按规定给予补贴。

94. 城乡居民基本医疗保险的保障待遇是如何规定的？

城乡居民基本医疗保险遵循保障适度、收支平衡的原则，主要用于支付参保人员发生的住院和门诊医药费用。城乡居民基本医疗保险执行全省统一的基本医疗保险药品目录、医疗服务项目目录和医疗服务设施范围目录。稳定住院保障水平，县域内定点医疗机构政策范围内住院支付比例保持在 75% 左右，住院统筹基金最高支付限额保持在当地城乡居民人均可支配收入 6 倍以上，有条件的地区可不设住院统筹基金最高支付限额。进一步完善门诊统筹，逐步提高门诊保障待遇水平，县域内定点医疗机构政策范围内门诊支付比例达到 50% 左右。

95. 什么是城乡居民大病保险？

城乡居民大病保险是根据《浙江省人民政府办公厅关于开展城乡居民大病保险工作的实施意见》（浙政办发〔2012〕150号）文件精神，在基本医疗保障的基础上，对大病患者发生的高额医疗费用给予进一步保障的制度性安排，是基本医疗保障制度的拓展和延伸，是对基本医疗保障的有益补充。

96. 城乡居民大病保险基金是如何筹集的？

城乡居民大病保险按照公平、可持续的原则，建立政府、单位、个人合理分担的多渠道筹资机制，所需资金按政府60%、个人40%的比例，年初一次性从城乡居民基本医疗保险基金中整体划拨。政府和个人总筹资标准为不低于人均 40 元。

97. 城乡居民大病保险的待遇水平是如何确定的？

城乡居民大病保险按照自然年度进行结算，参保人员在一个结算年度内发生的、经基本医疗保险报销后超过起付标准的合规医疗费用，纳入大病保险支付范围。大病保险的起付标准参照各设区市上一年度城乡居民人均收入水平确定，最高补偿限额按起付标准的 10~15 倍设定，最低支付比例原则上不低于60%，费用越高支付比例越高。各设区市根据大病患者医疗费用支出结构、大病保险基金承受能力，合理设置大病保险分段支付比例。

四、残疾人两项补贴制度

98. 什么是残疾人两项补贴制度？依据是什么？

残疾人两项补贴制度指困难残疾人生活补贴和重度残疾人护理补贴制度。困难残疾人生活补贴主要补助残疾人因残疾产生的额外生活支出，重度残疾人护理补贴主要补助残疾人因残疾产生的额外长期照护支出。

残疾人两项补贴制度以《国务院关于加快推进残疾人小康进程的意见》（国发〔2015〕7号）、《国务院关于全面建立困难残疾人生活补贴和重度残疾人护理补贴制度的意见》（国发〔2015〕52号）、《浙江省人民政府关于加快推进残疾人全面小康进程的实施意见》（浙政发〔2015〕50号）为依据，旨在解决残疾人特殊生活困难和长期照护困难，提高残疾人基本生活保障和基本照料服务水平，促进残疾人共享全面小康。

99. 残疾人两项补贴制度的受助对象有哪些？

困难残疾人生活补贴对象为家庭人均收入在低保标准150%以下的残疾人或本人收入在低保标准150%以下的劳动年龄段残疾人。困难残疾人和残疾人家庭收入的核对、认定工作，由民政部门按照社会救助家庭经济状况核对、认定办法组织实施。

重度残疾人护理补贴对象为残疾等级被评定为一级、二级且需要长期照护的重度残疾人以及非重度智力、精神残疾人。长期照护是指因残疾产生的特殊护理消费品和照护服务支出持续6个月以上。残疾人生活自理能力的认定工作，采取按照残疾类别、等级直接认定或由第三方评定的办法,由残联会同民政部门组织实施。

100. 残疾人两项补贴制度的补助标准是多少?

困难残疾人生活补贴标准,按照当地低保标准的30%确定,由县级政府公布。

重度残疾人护理补贴标准,按照生活完全不能自理、基本不能自理、部分不能自理三档,分别为每人每月500元、250元和125元。对符合条件的在机构集中托养的残疾人,可在上述补贴标准基础上分别上浮50%。重度残疾人护理补贴标准根据经济社会发展水平、护理支出变化等情况适时调整。

101. 残疾人两项补贴制度与其他政策如何衔接?

符合条件的残疾人,可同时申领困难残疾人生活补贴和重度残疾人护理补贴。既符合残疾人两项补贴条件,又符合因公致残、离休等生活补贴(津贴)、护理补贴(津贴)条件的残疾人,可择高申领其中一类生活补贴(津贴)、护理补贴(津贴)。享受儿童福利基本生活保障政策的残疾儿童不享受困难残疾人生活补贴,可享受重度残疾人护理补贴。领取工伤保险生活护理费、纳入特困人员供养保障的残疾人不享受残疾人两项补贴。享受养老服务补贴的残疾人不享受重度残疾人护理补贴。残疾人两项补贴不计入城乡低保和低保边缘家庭的收入。

102. 残疾人两项补贴制度对申请、审核、发放及管理是如何规定的?

(1)申请。残疾人两项补贴由残疾人向户籍所在地乡镇政府(街道办事处)受理窗口提交书面申请。残疾人的法定监护人、法定赡养、抚养、扶养义务人,所在村民(居民)委员会或其他委托人可以代为办理申请事宜。申请残疾人两项补贴应持有第二代中华人民共和国残疾人证,并提交相关证明材料。

(2)审核。乡镇政府(街道办事处)依托社会救助、社会服务"一门受理、协同办理"机制,受理残疾人两项补贴申请并进行初审。初审合格材料报送县(市、区)残联进行审核,审核合格材料转送同级民政部门审定。审定合格材料报同级财政部门申请拨付资金。

(3)发放。补贴资格审定合格的残疾人自递交申请当月起计发补贴。残疾人两项补贴应采取社会化形式,通过银行转账方式按月发放。有条件的地方,重度残疾人护理补贴还可采取政府购买服务的形式发放。

(4)管理。建立残疾人两项补贴定期复核制度,实行应补尽补、应退则退的动态管理。

五、残疾儿童基本康复服务与补贴制度

103. 什么是残疾儿童基本康复服务与补贴制度?依据是什么?

残疾儿童基本康复服务与补贴制度是为本省户籍有康复需求、适应指征和康复意愿的0~6周岁残疾儿童,和经康复专家评估认定有康复训练适应指征的7~18周岁贫困家庭重度残疾儿童少年提供的基本康复训练、辅助器具适配、人工耳蜗手术、肢体矫治等服务。

残疾儿童基本康复服务与补贴制度以《国务院关于加快推进残疾人小康进程的意见》(国发〔2015〕7号)、《浙江省人民政府关于加快推进残疾人全面小康进程的实施意见》(浙政发〔2015〕50号)等为依据,旨在保障全省残疾儿童及时得到基本康复服务,促进残疾人共享全面小康。

104. 残疾儿童基本康复服务与补贴包括哪些服务项目？

（1）基本康复训练：为听力残疾、言语残疾、肢体残疾、智力残疾和孤独症等残疾儿童（含多重残疾）提供康复机构基本康复训练。

（2）辅助器具适配：为视力残疾儿童验配助视器；为听力残疾儿童验配助听器（双耳）；为肢体残疾儿童装配假肢或矫形器，适配轮椅、坐姿椅、站立架、助行器等辅助器具。

（3）人工耳蜗手术：为有手术适应指征的听力残疾儿童配发基本型人工耳蜗，提供人工耳蜗手术及术后基本康复训练。

（4）肢体矫治手术：为肢体残疾儿童实施矫治手术、术后基本康复训练，并给予矫形器装配补贴。

（5）集中养育康复（添翼计划）：依托儿童福利机构，为听力残疾、言语残疾、肢体残疾、智力残疾、孤独症儿童少年（含多重残疾）提供集中养育康复服务。

105. 享受残疾儿童基本康复服务与补贴的对象需符合什么条件？

（1）基本康复训练和辅助器具适配。

① 补贴年龄为0~6周岁。对生活自理能力不足、不具备入学条件的残疾儿童，凭教育部门出具的缓学证明，可放宽至8周岁。

② 具有本省户籍，并持有第二代残疾人证；发育障碍、发育迟缓、智力落后和孤独症儿童提供三级以上医疗机构医学诊断证明。

③ 有相应适应指征，身体状况稳定，家庭成员配合并有康复意愿。

（2）人工耳蜗手术。

① 年龄为1~6周岁。

② 具有本省户籍，并持有听力残疾或多重残疾第二代残疾人证。

③ 经三级以上医疗机构检查无手术禁忌症，听觉器官发育正常，无脑性麻痹，无蜗后病变，精神、智力及行为发育正常。

④ 监护人对人工耳蜗手术风险和术后效果有正确认识，能够配合并保证受助对象手术后在定点康复机构接受基本康复训练。

（3）肢体矫治手术。

① 补贴年龄为0~6周岁，经康复专家评估认定符合手术适应症的，可放宽至16周岁。

② 具有本省户籍，并持有肢体残疾或多重残疾第二代残疾人证。

③ 主要手术适应症为：先天性关节畸形如马蹄足、先天性关节脱位如髋关节、膝关节脱位；小儿麻痹后遗症、脊膜膨出后遗症等导致肌腱挛缩、关节畸形及脱位；脑瘫或脑损伤导致的严重痉挛、肌腱挛缩、关节畸形及脱位等。

（4）集中养育康复（添翼计划）。

① 补贴年龄为7~18周岁。

② 具有本省户籍，持有第二代残疾人证的重度残疾儿童少年，家庭需提供低保或低保边缘户证明。

③ 经康复专家评估认定有康复训练适应指征，身体状况稳定，家庭成员配合并有康复意愿。

106. 残疾儿童基本康复服务与补贴的标准是多少？

（1）基本康复训练。

听力残疾、言语残疾、肢体残疾、智力残疾和孤独症儿童（含多重残疾）接受康复机构按国家现行《残疾儿童康复救助机构服务规范和服务标准》提供的基本康复训练，每人每年补贴最高2.4万元。

（2）辅助器具适配。

助听器：每人免费验配助听器2台（双耳佩戴），验配费补贴1200元，一次性家长培训费150元；助视器：每例补贴1000元；假肢：每例补贴10000元；矫形器：每例补贴5000元；轮椅、坐姿椅、站立架、助行器等辅助器具：每人补贴最高2500元。在补助年龄内，助视器、助听器验配每人累计补贴不超过3次；假肢、矫形器、轮椅、坐姿椅、站立架、助行器等辅助器具适配，每人累计补贴不超过5次。

（3）人工耳蜗手术。

听力残疾儿童免费配置基本型人工耳蜗1台，手术费（含术前检查费用）补贴每人1.2万元，在补贴年龄内每人补贴1次。术后基本康复训练参照听力残疾儿童补贴标准即补贴最高2.4万元执行。

（4）肢体矫治手术。

肢体残疾儿童矫治手术，手术费（含术前检查费用）补贴每人1.2万元，术后基本康复训练每人补贴6000元，在补贴年龄内每人累计补助不超过2次。术后矫形器参照辅助器具中矫形器适配补贴标准执行。

（5）集中养育康复（添翼计划）。

听力残疾、言语残疾、肢体残疾、智力残疾、孤独症等7~18周岁贫困家庭重度残疾儿童少年（含多重残疾），经专家鉴定有康复指征的，可以给予一个康复周期的康复补助，每人每年补贴最高2.4万元。康复期间，其养育费参照机构孤儿最低生活养育标准予以补助，不再享受重度残疾人护理补贴、基本生活补贴等其他与儿童相关的福利。

107. 残疾儿童基本康复服务与补贴制度对申请、审核是如何规定的？

（1）申请。由残疾儿童监护人提出申请并向户籍所在地的乡镇（街道）填写《浙江省残疾儿童基本康复服务申请表》（以下简称《申请表》）。

（2）初审。由乡镇（街道）按照有关规定对申请人的相关材料进行初审并在《申请表》上签署意见，连同申请人提交的相关材料上报。其中0～6周岁及符合放宽年龄限制条件残疾儿童的《申请表》报县（市、区）残联；纳入"添翼计划"的7～18周岁贫困家庭残疾儿童少年《申请表》报县（市、区）民政局。各类民政福利机构0～6周岁孤残儿童由儿童福利机构填写《申请表》，经民政部门审核后报当地残联。

（3）复审。县（市、区）残联、民政局对上报申请按照本办法规定的条件进行复审并签署意见。相关证明由县（市、区）残联、民政局及提供集中养育康复的儿童福利机构存档备查，分别录入"浙江省残疾儿童基本康复服务管理系统""全国儿童福利信息管理系统—福利机构儿童康复子系统"。《申请表》一份由复审部门存档，另一份由乡镇（街道）带回并交申请人。

各县（市、区）残联、民政局在审核申请材料时，应对申请人持有的第二代残疾人证或三级以上机构医学诊断证明重点审核。对实施"添翼计划"的残疾儿童少年，各县（市、区）民政局要组织康复专家对申请人进行评估筛查，同时要与选定家庭及其所在村（居）委会签订协议，明确各方责任和义务。

（4）服务。残疾儿童持经过审核同意的《申请表》到定点服务机构接受相应服务。

(5)补贴。残疾儿童接受基本康复服务的费用,由监护人凭服务记录和票据,报负责审核的县(市、区)残联、民政局审核同意后,按照在规定标准内实报实销的原则予以补贴。"添翼计划"项目经费按照各儿童福利机构完成的目标任务数核定下拨。

困难家庭残疾儿童可凭低保证、困难救助证等有效证件,向定点机构申请采取先接受基本康复训练后支付相关费用的办法。

人工耳蜗手术及术后基本康复的申请和审批程序按照国家和省有关规定执行。

六、计划生育奖励扶助制度

108. 什么是计划生育奖励扶助制度?

计划生育奖励扶助制度是在各地现行计划生育奖励优惠政策和帮扶救助措施的基础上,对符合条件的农村部分计划生育家庭实行的一项奖励制度。计划生育奖励扶助经费由省和市、县(市、区)财政共同承担。

109. 建立计划生育奖励扶助制度的依据是什么?

为稳定低生育水平,促进农村人口与经济社会协调、可持续发展,根据财政部、国家人口计生委《关于建立全国农村部分计划生育家庭奖励扶助和计划生育家庭特别扶助标准动态调整机制的通知》(财教〔2011〕622号)和《关于调整全国农村部分计划生育家庭奖励扶助和计划生育家庭特别扶助标准的通知》(财教〔2011〕623号)精神,结合浙江省实际,省政府下发了《关于调整全省农村部分计划生育家庭奖励扶助和计划生育家庭特别扶助标准的通知》(浙财教〔2012〕58号),自2012年1月1日起调整浙江省有关奖励扶助标准。

110. 享受计划生育奖励扶助的对象必须符合什么条件?

享受计划生育奖励扶助的对象必须同时符合以下条件:(1)本人为本省农业户口或界定为农村居民户口,将符合规定的"半边户"农村居民一方纳入计划生育奖励扶助范围(浙人口计生〔2011〕68号);(2)1973~2001年期间没有违反计划生育法规、规章或政策规定生育;(3)现存一个子女或子女死亡现无子女;(4)在1933年1月1日以后出生,年满60周岁。

奖励扶助对象确认条件的具体政策解释由省人口计生委会同省财政厅另行制定。

111. 计划生育奖励扶助的标准是多少?

农村部分计划生育家庭奖励扶助标准为每人每月不低于80元。

112. 计划生育奖励扶助资金如何发放?

直接补助,到户到人,即由省定代理发放机构直接将奖励扶助金发放给奖励扶助对象。严禁任何单位或个人截留挪用、虚报冒领和以扣代罚等各种名目的违规行为。

113. 对计划生育奖励扶助对象的确认有何程序?

对奖励扶助对象的确认按以下程序进行:(1)本人申请;(2)村民委员会评议;(3)乡(镇)人民政府(街道办事处)初审并张榜公示;(4)县级人口计生部门复审确认。

七、计划生育特别扶助制度

114. 什么是计划生育特别扶助制度?

计划生育特别扶助制度是为了完善人口和计划生育利益导向政策体系,解决独生子女伤残死亡家庭的特殊困难,更有效地落实人口和计划生育基本国策,针对独生子女家庭所做的一项基本制度安排。计划生育特别扶助资金由省与市、县分担。

115. 计划生育特别扶助制度的依据是什么？

为贯彻落实《中华人民共和国人口与计划生育法》和《中共中央国务院关于全面加强人口和计划生育工作统筹解决人口问题的决定》（中发〔2006〕22号），进一步加强人口和计划生育工作，稳定低生育水平，统筹解决人口问题，根据《国家人口计生委、财政部关于印发全国独生子女伤残死亡家庭特别扶助制度试点方案的通知》（国人口发〔2007〕78号）精神，结合浙江省实际，省政府于2008年下发了《浙江省人民政府办公厅转发省人口计生委、省财政厅关于计划生育家庭特别扶助制度实施意见的通知》（浙政办发〔2008〕47号），就在全省实行计划生育家庭特别扶助制度提出了若干意见。

116. 计划生育特别扶助制度扶助的对象有哪些？

计划生育特别扶助制度的扶助对象是：浙江省城镇和农村独生子女死亡或伤、病残后未再生育或收养子女家庭的夫妻。扶助对象应同时符合以下条件：（1）1933年1月1日以后出生；（2）女方年满49周岁；（3）只生育一个子女或合法收养一个子女；（4）现无存活子女或独生子女被依法鉴定为残疾（伤病残达到三级以上）。

从2012年起，将三级以上计划生育手术并发症人员纳入特别扶助制度（浙人口计生委〔2011〕69号），扶助对象确认条件的具体政策解释由省人口计生委另行制定。

117. 计划生育特别扶助的标准是多少？

自2014年起，按照统筹城乡扶助标准，统筹伤残、死亡家庭扶助标准原则，按下列标准发放特别扶助金：

（1）女方享受标准如下：①对年满49周岁未满60周岁的

女方按每人每月 500 元发放；②对年满 60 周岁且纳入养老服务补贴发放范围的女方按每人每月 500 元发放；③对年满 60 周岁且未纳入养老服务补贴发放范围的女方按每人每月 700 元发放。

（2）男方享受特别扶助金的前提条件是夫妻中女方年满 49 周岁，标准如下：①对未满 60 周岁的男方按每人每月 500 元发放；②对年满 60 周岁且纳入养老服务补贴发放范围的男方按每人每月 500 元发放；③对年满 60 周岁且未纳入养老服务补贴发放范围的男方按每人每月 700 元发放。

从 2016 年起，女方年满 49 周岁未满 60 周岁的独生子女伤残死亡家庭中夫妻一方或双方失能、失智等生活不能自理的，其特别扶助金标准提高到每人每月 700 元。对三级计划生育手术并发症人员扶助金标准提高到每人每月 200 元；对二级计划生育手术并发症人员扶助金标准提高到每人每月 400 元；对一级计划生育手术并发症人员扶助金标准提高到每人每月 600 元。

八、国家孕前优生健康检查项目

118. 实施国家孕前优生健康检查项目政策的依据是什么？

实施国家孕前优生健康检查项目政策的依据是《关于推进国家免费孕前优生健康检查项目全覆盖的通知》（人口科技〔2013〕21 号）及《浙江省人民政府办公厅关于实施国家孕前优生健康检查项目的意见》（浙政办发〔2013〕7 号）。

119. 国家孕前优生健康检查项目政策出台的背景和主要内容是什么？

为强化出生缺陷干预、提高出生人口素质、促进社会和谐发展，2008 年省政府决定，对在浙江省登记结婚的男女青年进行婚前医学检查、在浙江省领取《生殖健康服务证》的待孕妇女进行孕前优生检测的，实施免费婚前医学检查和免费孕前优生检测（简称"两免"）；到 2012 年，力争婚前医学检查和孕前优生检测率均达到 60%。所需经费实行省与市、县分担。这一政策的实施，为浙江省推进国家优生项目实施打下了良好的基础。在此基础上，2013 年，根据浙政办发〔2013〕7 号文，浙江省将原优生"两免"中的"免费孕前优生检测"更名为"免费孕前优生健康检查"，接轨国家优生项目，形成新优生"两免"政策，既实现国家优生项目全覆盖，又深化浙江省优生"两免"工作。辖区内常住人口中，符合生育政策的计划怀孕（含经批准再生育及流动人口）夫妇，可以享受免费孕前优生健康检查服务。根据国家要求，浙江省免费孕前优生健康检查基本服务项目，包括女性、男性检查共 19 项。婚检项目保持不变。

自 2015 年 10 月 1 日起，浙江省优化国家免费孕前优生健康检查和省免费婚前医学检查、免费孕前优生检测项目，按照"不同人群、不同服务包"原则，实施两个项目：（1）服务项目包（一）：结婚对象同时接受免费婚前医学检查和免费孕前优生健康检查，结算标准 410 元/对夫妇。（2）服务项目包（二）：符合生育政策的再生育对象、常住流动人口中符合免费服务的对象接受免费孕前优生健康检查，结算标准 360 元/对夫妇。

九、计划生育免费技术服务

120. 计划生育免费技术服务的政策依据是什么？

计划生育免费技术服务的政策依据是《国家人口计生委、财政部、卫生部、国家计委关于落实向农村实行计划生育的育龄夫妻免费提供避孕节育技术服务的通知》（国计生发〔2007〕127 号）和《浙江省人口计生委、省财政厅、省卫生厅关于计生育免费技术服务项目结算标准等有关事项的通知》(浙人口计生委〔2005〕60号)。

121. 计划生育免费技术服务政策的主要内容是什么?

国家和省规定,向农村实行计划生育的育龄夫妻(含城镇农民)提供免费计划生育技术服务。免费技术服务包括以下项目:(1)孕情、环情监测;(2)放置、取出宫内节育器及技术常规所规定的各项医学检查;(3)人工流产术、引产术及技术常规所规定的各项医学检查;(4)输卵管结扎术、输精管结扎术及技术常规所规定的各项医学检查;(5)计划生育手术并发症。

各定点计划生育技术服务机构和医疗保健机构开展的计划生育免费技术服务项目,不得向免费服务对象收取任何费用,按规定的结算办法和标准向当地人口计生部门结报。

农村教科文类

一、学前教育资助制度

122. 实行学前教育资助制度的依据是什么?

为贯彻落实《浙江省中长期教育改革和发展规划纲要(2010~2020年)》《浙江省人民政府关于进一步加快学前教育发展、全面提升学前教育质量的意见》《浙江省发展学前教育三年行动计划(2011~2013年)》,保障全省家庭经济困难儿童公平接受学前教育的机会和权利,促进教育均衡发展,自2011年秋季学期开始实施全省学前教育资助制度。

123. 学前教育资助制度资助的对象有哪些?

学前教育资助制度资助的对象为在经教育行政部门审批设立的各级各类幼儿园就读的家庭经济困难儿童,包括低保家庭幼儿、福利机构监护的幼儿、革命烈士子女、"五保"供养的幼儿以及残疾幼儿。

124. 学前教育资助的项目和标准是什么?

资助项目为保育费,资助标准按当地三级公办幼儿园保育费标准执行。有条件的市、县(市、区)可以扩大资助范围,提高资助标准。

125. 学前教育资助的具体办法是怎样的？

学前教育资助工作按学年进行。每年9月开学时，符合条件的资助对象向幼儿园提出书面申请，提交低保证、残疾证或孤儿证明等有效证件，由幼儿园进行审核汇总，并上报所在市、县（市、区）教育、财政部门。市、县（市、区）教育、财政部门审核确认后，按同级财政部门预算管理和财政资金支付管理的规定，向幼儿园拨付补助资金。

126. 学前教育资助制度的经费筹措及分担办法是怎样的？

家庭经济困难儿童入园资助经费，由当地财政部门负责筹措落实。各市、县（市、区）应将家庭经济困难儿童入园资助经费列入年度财政预算，根据资助人数和标准足额安排。鼓励各地发动机关、企事业单位和个人等社会力量捐资助学，扩大经费来源。省财政每年予以补助。每年10月30日前，各地上报当年资助人数和金额，省财政厅、省教育厅据此计算年度补助资金金额。

二、义务教育免除学杂费

127. 实施免除学杂费政策的依据是什么？

实施免除学杂费政策的依据是《浙江省人民政府办公厅转发省教育厅等部门关于浙江省义务教育中小学生免除学杂费实施意见的通知》（浙政办发〔2006〕66号），《浙江省人民政府关于进一步完善城乡义务教育经费保障机制的通知》（浙政发〔2016〕16号）。

128. 享受免除学杂费政策的对象是什么？

为统筹城乡义务教育发展，高标准、高质量地普及全省九年义务教育,从 2006 年秋季开始,全省义务教育阶段的中小学生全部免除学杂费。享受免除学杂费政策的对象是指在经县级以上教育行政部门批准的城乡义务教育阶段学校就读的学生。包括本地户籍学生、正常转入浙江省就读学生以及符合条件在转入地接受义务教育的外来(跨省、跨县)务工人员的子女等。

129. 免除学杂费的标准是什么?

按照省教育厅、省物价局、省财政厅《转发〈教育部、国家发展和改革委员会、财政部关于在全国义务教育阶段推行"一费制"收费办法的意见〉的通知》(浙教计〔2004〕139 号)制定的杂费(含信息技术费)标准执行。免除学杂费所需的资金由省与市、县财政分担。省财政按城乡义务教育学校生均公用经费基准定额按普通小学每生每年 650 元、普通初中每生每年 850 元计算对市县补助。民办学校学生免除学杂费标准按照生均公用经费基准定额执行。

三、义务教育免费提供教科书政策

130. 实施免费提供教科书政策的依据是什么?

免费提供教科书政策的依据是《浙江省教育厅、省财政厅关于全面实施义务教育免费教科书和做好部分教科书循环使用工作的通知》(浙教计〔2008〕97 号),《浙江省人民政府关于进一步完善城乡义务教育经费保障机制的通知》(浙政发〔2016〕16 号)。

131. 什么时候开始实施免费提供教科书政策?其所需资金如何解决?

国家课程教科书和省级地方课程教材所需资金由国家和省财政承担;市、县地方课程教科书所需资金分别由市、县财政承担；与国家课程教科书配套的辅助学习资源所需资金由省与市、县按比例分担。从2008年春季起，免费向义务教育学生提供教科书。

132. 享受免费提供教科书政策的对象和范围有哪些？

享受免费提供教科书政策的对象为在经县级以上教育行政部门批准的城乡义务教育阶段学校就读并取得学籍的学生。免费提供的教科书范围，包括国家课程教科书、地方课程教材和与国家课程教科书配套的辅助学习资源（作业本、音像教材、学具、空白练习本等）。

四、义务教育城乡家庭经济困难寄宿生生活费补助

133. 实施家庭经济困难寄宿生生活费补助的依据是什么？

为贯彻落实《国务院关于进一步完善城乡义务教育经费保障机制的通知》（国发〔2015〕67号）精神，统筹城乡义务教育均衡发展，省政府决定从2016年起对城乡家庭经济困难寄宿生给予生活费补助。

134. 家庭经济困难寄宿生生活费补助的对象是谁？

在义务教育学校寄宿的低保家庭子女、烈士子女、福利机构监护的未成年子女、"五保"供养的未成年子女和残疾学生。

135. 家庭经济困难寄宿生生活费补助的标准是多少？经费怎么承担？

按小学生每人每天4元、初中生每人每天5元，年在校250天标准，生均分别给予1000元/年和1250元/年的补助。所需经费由中央财政承担50%后，再由省与市县财政按公用经费补助比例分担。

五、对外来务工人员子女教育支持政策

136. 实施外来务工人员子女教育政策的依据是什么?

为推动浙江省外来务工人员子女教育工作健康发展,根据《中华人民共和国义务教育法》、国务院办公厅《关于进一步做好进城务工就业农民子女教育工作意见的通知》和财政部、教育部《关于印发〈进城务工农民工随迁子女接受义务教育中央财政奖励实施暂行办法〉的通知》(财教〔2008〕490号)有关规定,省财政设立了外来务工人员子女教育专项资金,《浙江省人民政府关于进一步完善城乡义务教育经费保障机制的通知》(浙政发〔2016〕16号)继续予以保留。

137. 外来务工人员子女教育政策的支持对象和范围有哪些?

外来务工人员子女教育政策重点支持接收外来务工人员子女义务教育的学校改善办学条件,也可用于虽未接收外来务工人员子女,但为解决外来务工人员子女入学问题调整布局的学校。既可用于公办学校,也可用于民办学校。使用范围主要用于学校基础设施改造和教学设备购置,不得用于人员开支、学校运转、归还债务等支出。

六、农村义务教育学生营养改善计划

138. 实施农村义务教育学生营养改善计划的依据和目的是什么?

实施农村义务教育学生营养改善计划是全面贯彻落实《国家中长期教育改革和发展规划纲要(2010~2020年)》《浙江省中长期教育改革和发展规划纲要(2010~2020年)》的具体举措,是进一步改善全省农村义务教育学生营养状况、提高学生健

康水平、增强青少年身体素质的客观需要，是帮助全省农村家庭经济困难学生更好地完成学业、促进教育公平的重要内容。根据《国务院办公厅关于实施农村义务教育学生营养改善计划的意见》（国办发〔2011〕54号）精神，浙江省政府办公厅下发了《关于实施农村义务教育学生营养改善计划的意见》（浙政办发〔2012〕30号），并在《浙江省人民政府关于进一步完善城乡义务教育经费保障机制的通知》（浙政发〔2016〕16号）中继续予以保留。

139. 农村义务教育学生营养改善计划的资助对象有哪些？

农村义务教育学生营养改善计划享受对象为全省农村（不含县城，下同）义务教育阶段中小学的家庭经济困难学生，包括低收入（新扶贫标准以下）家庭子女、福利机构监护的未成年人、革命烈士子女、"五保"供养的未成年人。

140. 农村义务教育学生营养改善计划的资助标准是多少？

自2012年春季入学开始，全面实行"一日一餐"制，即各学校每周为家庭经济困难学生免费提供5餐荤素搭配、营养合理的营养餐。餐标基准为每生每餐3.75元，全学年为每生750元。各地可根据实际情况，增加财政补助，适当提高营养餐标准。目前，浙江省标准已达到每生每餐5元、每生每年1000元的标准。实施农村义务教育学生营养改善计划所需经费主要由各地财政部门列入年度预算予以落实。

141. 农村义务教育学生营养改善计划的供餐方式是怎样的？

各地教育行政主管部门、学校要在按照"热菜热饭、营养可口、吃饱吃好"的要求提供餐饮服务的前提下，充分结合每所学校的条件，因地制宜，合理确定供餐方式。一是实行食堂（伙房）供餐。对用餐规模较大的学校，要创造条件，实行包餐制或选菜制供餐。二是购买供餐服务。对没有自备食堂（伙房）的，可通过竞争择优办法选择具备资质的社会专业餐饮企业购买服务，实行送餐。三是实行托餐服务。对地处偏远山区、海岛等小规模学校，本身不具备供餐条件的，在严格准入的前提下可实行向单位集体食堂、个人或家庭托餐。营养餐必须供应完整的餐饮，可以选择午餐，也可以选择晚餐。为确保学生身心健康，学生营养餐补助不得以现金方式直接发放给学生或家长，不得以购买零食冷饮的方式替代，不得采用对被资助学生构成歧视的供餐方式。

七、中等职业教育免学费政策

142. 实施中等职业教育免学费政策的依据是什么？

实施中等职业教育免学费政策的依据是财政部、国家发展和改革委员会、教育部、人力资源和社会保障部《关于扩大中等职业教育免学费政策范围 进一步完善国家助学金制度的意见》（财教〔2012〕376号）。

143. 享受中等职业教育免学费政策的对象包括哪些？

对中等职业学校全日制正式学籍一、二、三年级所有在校学生免除学费（非民族地区非戏曲类相关表演专业学生除外）。

144. 中等职业教育免学费的标准是多少？

免学费标准按照各地价格主管部门批准、实际收取的学费执行。民办学校按当地同类型同专业公办中职学校学费标准给予补助，高出部分，学校可以按规定继续向学生收取。

145. 中等职业教育免学费政策如何实施？

为保证学校正常运转，对因免除学费导致学校收入减少的部分，第一、第二学年由财政根据享受免学费政策学生人数和免学费标准对学校予以补助；第三学年原则上由学校通过校企合作和顶岗实习等方式获取的收入予以弥补，不足部分由财政按照三年级享受免学费政策学生人数50%的比例和免学费标准予以补助，有条件的地方要提高对筹措经费困难学校的补助比例。从2015年起，对中等职业教育免第三学年学费财政补助比例由50%提高至100%。

八、农业种养技术专业助学金

146. 实施农业种养技术专业助学金政策的依据是什么？

实施农业种养技术专业助学金政策的依据是《浙江省教育厅、财政厅关于印发浙江省职业院校助学奖学行动计划实施办法等六项行动计划实施办法的通知》（浙教计〔2006〕150号）。

147. 农业种养技术专业助学金政策的主要内容是什么？

就读本省普通大专院校农业种养技术专业的本省籍学生，公办大专院校按实际学费标准全额免除，民办大专院校按同类公办院校学费标准予以减免。

九、基本公共文化服务

148. 实施基本公共文化服务的政策依据是什么？

为贯彻落实《关于加强公共文化服务体系建设的若干意见》（中办发〔2007〕21号）、《关于进一步加强农村文化建设的实施意见》（浙委办〔2007〕38号）和《关于加快推进基本公共服务均等化，进一步改善民生的若干意见》（浙政发〔2009〕16号）等文件精神，进一步推进全省基层公共文化服务体系建设，完善全省公共文化服务体系经费保障和运行管理机制，省财政整合公共文化服务相关省级专项资金，统一设立了浙江省基本公共文化服务专项资金。为规范专项资金管理，提高资金使用效益，省财政厅、省文化厅、省广电局、省新闻出版局、省文物局联合制定了《浙江省基本公共文化服务专项资金管理办法（试行）》（浙财教〔2013〕229号）。

149. 省基本公共文化服务专项资金来源包括哪些？

省基本公共文化服务专项资金来源有两个：一是整合省财政设立的基层公共文化服务建设、农村电影公益性放映、广电惠民服务工程、乡镇广电站设施设备更新改造、农家书屋建设、博物馆纪念馆免费开放等用于基本公共文化服务的专项资金。二是中央财政专项转移支付补助或奖励浙江省用于基本公共文化服务的专项资金。

150. 省基本公共文化服务专项资金的支出范围是什么？

主要用于公共文化设施建设、运行、维护、管理和开展群众文化活动等支出。具体包括：（1）公共文化设施建设。①市、县两级博物馆（纪念馆）、美术馆、文化馆、图书馆的建设和设备购置；②乡镇文化站、广电站以及中心镇图书馆的建设和设备购置；③村级农村文化礼堂、文化活动中心（室）、广播室建设和设备购置，农家书屋建设和出版物补充更新，全国文化信息资源共享工程村级基层服务点平台和数字资源建设等。（2）公共文化设施运行、维护和管理。指对前款所列各项公共文化设施运行维护所发生的支出和村级公共文化设施管理人员费用。包括博物馆、纪念馆、美术馆等用于陈列布展的支出。（3）公共文化设施免费开放。①博物馆、纪念馆免费开放减收门票的补助；②美术馆、图书馆、文化馆、文化站提供免费开放服务的补助。（4）开展群众文化活动。①农村电影公益放映的补助；②送戏下乡（含民营剧团）的补助；③送书下乡的补助；④广播电视对农节目制作播出的补助和奖励；⑤开展其他群众文化活动的补助。包括相关主管部门到农村（或社区）开展讲座、展览、文化走亲等活动的支出，以及对农村（或社区）优秀业余文化团队开展活动和购置器材的补助。（5）保障特殊群体公共文化权益。①文化低保工程的补助；②广电低保工程的补助。（6）文化人才队伍建设。用于直接从事公共文化服务的人才培养、村级公共文化设施管理人员和村级文艺骨干的培训，以及组建文化指导员、志愿者队伍等支出。（7）省委、省政府决定以及省有关部门根据需要确定的其他基本公共文化服务项目。包括文化示范工程创建、群众文化活动品牌培育等支出。专项资金不得用于支付各种罚款、捐款、赞助、投资等支出，不得用于发放编制内在职人员和离退休人员的基本工资，不得用于偿还债务，不得用于国家规定禁止列入的其他支出。

151. 省基本公共文化服务专项资金的分配方法是怎么样的？

专项资金包括补助资金和奖励资金，其中补助资金占专项资金总额的70%，奖励资金占30%。

补助资金以设区市本级（不含所辖区，下同）和县（市、区）为单位，按因素法分配，具体因素和权重如下：（1）基本因素（权重50%）。其中：常住人口数（30%），地域面积数（5%），乡镇（含街道）数（5%）（省级中心镇数2%），行政村（含社区）数（5%），低保户数（5%）。（2）业务因素（权重50%）。其中：公共文化设施总建筑面积（上年末累计总建筑面积10%，上年度新增竣工总建筑面积10%），公共文化设施数量（20%），公共文化服务机构从业人员数量（10%）。（3）财力因素。按两类六档财力转移支付系数计算。

奖励资金以设区市本级和县（市、区）为单位，根据绩效考核结果分配。考核内容主要包括：（1）财政投入。（2）业务指标。①公共文化设施覆盖率和合格率；②公共文化设施运行管理情况；③开展群众文化活动情况；④支持社会力量参与提供公共文化服务情况；⑤省有关部门确定的年度重点项目完成情况。（3）管理因素。①专项资金管理情况，包括财政管理制度是否健全，支出安排是否合理，资金拨付是否及时，资金使用是否合规，监督措施是否到位等；②工作创新情况，包括各市、县（市、区）获得国家和省级有关公共文化服务的表彰奖励，交流先进经验，公共文化服务方面的政策、机制和内容创新等情况；③基础管理工作情况，包括按"数字财政"建设的要求做好专项资金管理工作，按有关部门的要求及时准确地统计更新公共文化服务有关信息，按本办法规定的时间和质量要求上报专项资金申报材料、数据等。

十、乡村学校少年宫项目

152. 实施乡村学校少年宫项目的政策依据是什么？

实施乡村学校少年宫项目的政策依据是《中央文明办 财政部 教育部关于印发中央专项彩票公益金支持乡村学校少年宫项目管理办法的通知》（文明办〔2016〕13号）、《中央文明办 财政部 教育部关于印发"十三五"时期乡村学校少年宫建设规划实施方案的通知》（文明办〔2016〕12号）等文件。实施乡村学校少年宫项目的资金来源是财政部中央专项彩票公益金。《财政部 中央文明办 教育部关于印发中央专项彩票公益金支持乡村学校少年宫项目资金管理办法的通知》（财教〔2016〕189号），以进一步规范和加强专项彩票公益金支持乡村学校少年宫项目的管理工作。

153. 乡村学校少年宫项目的定义是什么？

乡村学校少年宫是指依托乡镇中心学校现有场地、教室和设施，进行修缮并配备必要的设备器材，依靠教师和志愿者进行管理，在课余时间和节假日组织开展普及性校外活动的公益性活动场所。乡村学校少年宫项目是指利用中央专项彩票公益金开展的乡村学校少年宫修缮装备、运转补助、人员培训等工作。

154. 乡村学校少年宫项目资金的使用范围是什么？

乡村学校少年宫项目资金的使用范围包括修缮装备和运转补助。

修缮装备补助是指对新立项的乡村学校少年宫项目，利用学校现有场地和教室进行修缮并配置设备器材，将其整修成适合组织开展普及性校外活动的乡村学校少年宫。

运转补助主要用于已开展活动的乡村学校少年宫专项运转补助；培训乡村学校少年宫的管理人员、支持校内志愿辅导乡村学校少年宫活动并做出突出贡献的教师参加专业培训、适当补助校外辅导员志愿开展辅导。

155. 乡村学校少年宫项目的补助标准是多少？

修缮装备每年补助额度不高于20万元，最低不少于10万元，平均每所每年15万元。其中装备支出占比不低于70%。

运转补助的标准为：在校生1000人（含）以上的，平均每所每年5万元；在校学生1000人以下的，平均每所每年3万元。

156. 乡村学校少年宫项目的申报审批程序是怎样的？

（1）中央文明办会同教育部结合乡村学校少年宫建设整体规划及当年项目资金预算规模，于每年4月15日前向财政部提出当年预算，包括建设个数、所需修缮装备补助经费、已开展活动乡村学校少年宫运转补助资金等。

（2）财政部根据中央文明办会同教育部申报的项目资金预算申请，按照资金管理办法规定的项目补助标准、各地乡村学校少年宫的数量标准以及当年项目资金预算规模，结合上年资金使用情况核定各地年度预算补助额度，会同中央文明办、教育部下达各地省级财政部门。

（3）省级财政部门会同同级文明办和教育部门根据中央财政下达的当年项目预算补助额度确定分配方案。

十一、农村文化礼堂长效机制建设

157. 农村文化礼堂长效机制建设的政策依据是什么？

为大力加强基层宣传思想文化阵地建设，进一步优化资源配置，推动农村文化礼堂"建、管、用、育"一体化，努力把其打造成农村文化综合体和农民群众的精神家园，中共浙江省委办公厅 浙江省人民政府办公厅印发了《关于推进文化礼堂长效机制建设的意见》的通知（浙委办发〔2017〕22号）。

158. 农村文化礼堂长效建设的推进机制有哪些？

一是纳入经济社会发展规划。各地要把农村文化礼堂建设工作纳入本地经济社会发展规划，作为重大民生实事项目，统筹土地、资金、人才等要素配置，合理布局、分步实施、有序推进。

二是纳入社会主义新农村和美丽乡村建设规划体系。把农村文化礼堂作为社会主义新农村、美丽乡村建设规划的重要内容，作为美丽乡村特色精品村、特色文化村的必备条件、认真实施推进。

三是纳入公共文化服务标准化均等化建设体系。把农村文化礼堂作为高标准推进农村公共文化服务标准化均等化的重要载体，打造基层综合性文化服务中心"升级版"。

159. 农村文化礼堂长效机制建设财政保障政策是什么？

各级政府要把支持和奖补农村文化礼堂建设资金纳入年度财政预算，各相关部门要积极出台扶持政策，各村要加大集体资金投入，合力推进农村文化礼堂建设。县级财政要为农村文化礼堂正常运行提供必要的经费保障，原则上每个农村文化礼堂运行经费每年不低于2万元（或按所服务人口数量、人均不低于20元）。鼓励通过设立农村文化礼堂公益金、农村文化礼堂乡贤基金和文化众筹等方式，有效补充农村文化礼堂日常运行经费。

十二、扶持体育发展专项资金

160. 扶持体育发展专项资金的政策依据是什么？

为加快推动全省体育事业发展，根据《浙江省人民政府办公厅关于进一步加强省级财政专项资金管理工作的通知》（浙政办函〔2014〕66号）和《浙江省财政厅关于实施省级专项性一般转移支付管理改革的通知》（浙财预〔2011〕43号）的要求，设立扶持体育发展专项资金。

161. 省财政对地方体育事业发展的支持范围是什么？

扶持体育发展专项资金扶持范围为体育工作任务重、工作成效显著和财政相对困难的地区，重点支持促进群众体育、竞技体育和体育产业发展的工作。

162. 扶持体育发展专项资金分配因素是什么？

扶持体育发展专项资金实行"因素法"分配，主要包括群众体育发展因素、竞技体育发展因素、体育产业发展因素、公共体育场地设施因素、地方财力因素和其他因素，并设置相应的指标进行分配。（1）群众体育发展因素。主要考虑全民健身活动开展、基础设施建设、体育组织建设、科学健身培训指导、创建评估等因素。(2) 竞技体育发展因素。主要考虑竞技体育比赛、业余体校训练、体育后备人才培养和输送等因素。(3) 体育产业发展因素。主要考虑体育产业规模、体育产业培育、重大体育产业活动和重点工作完成情况等因素。(4) 公共体育场地设施因素。主要考虑体育场地的建设、维修，场馆内的体育专业设备、器材购置，体育场馆免费低收费开放情况等因素。(5) 地方财务因素。按照省财政关于市、县（市）转移支付分类分档及系数等因素确定。(6) 其他工作。主要考虑省体育系统年度工作目标责任制考核和绩效评价结果，全省特殊性、突发性、临时性的工作任务及省财政厅、省体育局认为需要的其他因素。

163. 扶持体育发展专项资金拨付程序是怎样的？

各地体育部门在每年 6 月 30 日前将下一年度群体、训竞、产业、场馆等因素确定所需相关基础数据和绩效目标等资料，以书面形式报省体育局。区域性、突发性的重大工作任务，在实际情况发生时上报。省体育局负责对市县体育部门上报材料进行审核，提出下一年度预算分配意见、初步分配方案和总体绩效目标报省财政厅，省财政厅复核并确认资金分配方案和总体绩效目标，通过省级转移支付的方式，在当年预算经人民代表大会批准后 60 日内下达到各地财政和体育部门。

十三、千万农民素质提升工程

164. 什么是千万农民素质提升工程？

根据《浙江省中长期人才发展规划纲要（2010～2020 年）》（浙委〔2010〕66 号），依托职业院校、现代远程教育、电大、农广校、农函大、成人文化技术学校（社区学院）、科研技术推广单位等各类培训机构，组织实施"千万农民素质提升工程"，开展农村实用人才培养、农村富余劳动力转移就业技能培训和实施"农民科学素质提升行动"。一是以生产经营型、专业技能型和专业服务型新型职业农民,技能带动型人才和社会服务型人才为重点,培养一大批为农业农村经济发展提供服务、做出贡献、起到示范和带头作用的农村劳动者。到 2020 年,农村实用人才总量达到 112 万人。二是开展农村富余劳动力转移就业技能培训。以下山移民、转产渔民、失地农民为重点,以职业技能培训为主、以市场运作为基础,以转移到非农产业就业为目标,提高农民的素质和技能,对需要转移到非农产业就业的农村富余劳动力开展培训,包括职业技能培训和引导性培训。三是实施"农民科学素质提升行动"。面向全体农民开展保护生态环境、节约水资源、保护耕地、防灾减灾,倡导健康卫生、移风易俗和反对愚昧迷信、陈规陋习等内容的宣传教育,促进在广大农村形成讲科学、爱科学、学科学、用科学的良好风尚,激发广大农民参与科学素质建设的积极性,增强科技意识,提高获取科技知识和依靠科技脱贫致富的能力,并将推广实用技术与提高农民科学素质结合起来,着力培养有文化、懂技术、会经营的新型农民。

165. 千万农民素质提升工程三级培训体系如何构成?

按照"整合资源、构建平台、创新机制、提高效益"的原则和要求,统筹省内教育培训资源和力量,浙江省构建了"农民大学、农民学院、农民学校"三级培训体系。浙江农民大学主校区设在浙江农林大学、浙江大学、浙江海洋学院、浙江经贸职业技术学院、浙江旅游职业学院、浙江省农科院、中国农村致富技术函授大学浙江省分校和浙江农业广播学校 8 个院校和科研院所为浙江农民大学校区,在 11 个市设立农民学院,并挂浙江农民大学分校的牌子,各县(市、区)设立农民学校。省、市、县三级培训机构承担全省农村实用人才和新型职业农民职业能力与素质培养，承担全省农民教育培训体系的规范化、标准化、专业化与信息化建设工作。

166. 省财政对千万农民素质提升工程的扶持对象和范围有哪些？补助标准是什么？

省财政将千万农民素质提升工程作为美丽乡村建设专项资金的扶持内容，扶持对象为参加农村实用人才和新型职业农民培训、农村富余劳动力转移就业技能培训的学员，扶持范围为学费补助。

省财政对千万农民素质提升工程实行分级分类分档差别补助：县级组织实施的农村实用人才、新型职业农民初级培训人均补助1000元，转移就业技能培训人均补助600元；市级组织实施的农村实用人才、新型职业农民中级培训人均补助2000元；省级组织实施的农村实用人才、新型职业农民高级培训，短期班（5天、40学时）人均补助2000元，提升班（8天、64学时）人均补助3000元，研修班（15天、120学时）人均补助5000元；农村实用人才带头人出境培训人均补助5000元。

167. 省财政对千万农民素质提升工程的补助资金如何分配、使用？

千万农民素质提升工程省补助资金在美丽乡村建设专项资金中安排。美丽乡村建设专项资金实行因素法分配、切块下达。其中涉及千万农民素质提升工程的分配因素包括培训任务数、补助标准、经济社会发展水平系数、绩效系数等。千万农民素质提升工程年度培训任务由省农办下达。县市在收到省补助资金后，要及时拨付使用资金，并将各类农民培训信息录入"千万农民素质提升工程"和"新型职业农民"两个信息管理系统。

十四、新型职业农民培育

168. 新型职业农民培育的基本原则是什么？

（1）坚持政府主导。新型职业农民培育是一项公益性、基础性、长期性的事业，要坚持政府主导，加强统筹协调，加大支持力度，改善培育条件，营造良好氛围。

（2）尊重农民意愿。要坚持农民的主体地位，充分听取农民意见，尊重农民意愿，通过提升培训质量和宣传引导，调动农民参训的积极性和主动性，变"要我学"为"我要学"。

（3）立足产业培育。立足农业主导产业、特色产业和优势产业发展实际，根据产业发展水平和培育对象特点，分类分产业分层次开展培育，强化培育的针对性。

（4）突出培育重点。以新型农业经营主体带头人为对象，以粮食和优势、特色产业为重点领域，以教育培训为重点环节，把职业农民培养成建设现代农业的主导力量。

169. 新型职业农民培育的主要任务是什么？

（1）完善培育制度体系。适应现代农业发展要求，完善适合我国国情的新型职业农民培育制度体系，通过教育培训提高职业农民综合素质和生产经营水平，通过规范管理引导农民走上职业化发展道路，通过政策支持提高职业农民自我发展能力。

（2）建立健全培育机制。探索制定新型职业农民培育管理机构、培训单位、实训基地、农民田间学校的准入标准，加快建立农业行政主管部门负责，农民科技教育培训中心、农业广播电视学校、农民合作社、农业产业化龙头企业、农业科研院所、农业技术推广机构以及其他各类市场主体多方参与、适度竞争的多元培育机制。

（3）构建职业农民队伍。强化新型职业农民培育示范，以全省、地市和示范县（含现代农业示范区）为重点区域，兼顾其他地区，以新型农业经营主体带头人轮训计划和现代青年农场主培养计划为引领，加快培养有文化、懂技术、会经营的新型职业农民。

170. 新型职业农民培育对象有哪些？

以专业大户、家庭农场、农民合作社、农业企业、返乡涉农创业者等新型农业经营主体带头人为培育对象，按照主导产业摸底调研，掌握培育对象的产业规模、从业年限、技能水平、培训需求、政策要求等信息，建立个人档案，纳入培育对象库。原则上培育对象年龄不超过60周岁。

171. 新型职业农民培育补助资金如何使用？

中央财政新型职业农民培育补助资金实行按"因素法"切块下达，具体补助标准由各地结合实际确定，对不同培育形式实行差别化补助，统筹用于新型职业农民培育。有条件的地方可以探索"政府补贴、部门支持、机构让利、农民出资和先学后补"等补助模式。

农村生活类

一、农家乐休闲旅游业发展政策

172. 省财政对农家乐休闲旅游业的扶持对象有哪些？

省财政将农家乐休闲旅游业提升发展作为美丽乡村建设专项资金的一项扶持内容，涉及农家乐的扶持对象有省级农家乐集聚村（原特色村）、精品村、特色乡镇、精品示范区、重点县（市、区）创建对象等。

173. 省财政对农家乐休闲旅游业的扶持范围是什么？

省财政对农家乐休闲旅游业提升发展的扶持范围包括农家乐公共设施建设、公共宣传推介、区域规划编制和公共电商营销网络建设等。

174. 省财政对农家乐休闲旅游业提升发展的补助资金如何分配、使用？

农家乐休闲旅游业提升发展省补助资金在美丽乡村建设专项资金中安排，资金实行因素法分配、切块下达，其中涉及农家乐的分配因素包括农家乐休闲旅游业提升发展任务综合得分（根据农家乐休闲旅游业提升发展年度工作任务计算）、经济社会发展水平系数、绩效系数等。

县（市、区）可在管理办法规定的支出范围内统筹安排美丽乡村建设专项资金。农家乐休闲旅游业提升发展补助项目由县级自主立项。省补助资金拨付后60日内，各县（市、区）将省下达的资金和农家乐休闲旅游业提升发展任务落实到具体项目，项目原则上在项目库中择优选取，并将有关落实情况抄送省农办、省财政厅，同时抄送市农办。县（市、区）需报省备案的项目，在上报前要将项目有关信息在县市主管部门和财政部门门户网站、农民信箱以及乡镇公共服务平台向社会公示7天，公示无异议后方可上报。

二、异地搬迁补助

175. 什么是低收入农户异地搬迁？其政策依据是什么？

低收入农户异地搬迁是指列入农民异地搬迁规划的低收入农户异地搬迁（含整村搬迁的一般农户）和其他经省政府批准实施的低收入农民异地搬迁。根据《关于促进农民收入持续普遍较快增长的若干意见》（浙委发〔2013〕8号）、《全面实施乡村振兴战略高水平推进农业农村现代化行动计划（2018～2022年）》，浙江省大力支持实施异地搬迁工程，改善搬迁农户的生产生活条件，调整经济结构，拓展增收渠道，帮助搬迁人口增收致富。

176. 省财政对低收入农户异地搬迁的扶持范围和对象有哪些？

省财政将低收入农户异地搬迁作为财政专项扶贫资金的一项扶持内容，扶持范围和对象为：淳安等26个加快发展县和台州市黄岩区、金华市婺城区、兰溪市的低收入农户和整村搬迁

（自然村）农户；其他经省政府批准实施的异地搬迁农户。

177. 省财政对低收入农户异地搬迁的补助标准是多少？补助政策怎样？

省对有关县（市、区）按人均8400元进行结算。其中5600元直接补助给农户，2800元由县（市、区）统筹用于异地搬迁安置小区（点）的基础设施建设补助和农户补助。省级补助的5600元是直接补助农户的最低标准。县级政府可在此基础上统筹本级财政投入和其他相关资金，适当提高具体到人的补助标准，并可根据搬迁方式、安置方式、人员性质、搬迁地性质等不同情况实行差别补助。每户农户只能享受一次异地搬迁省补助政策。

178. 省财政对低收入农户异地搬迁的补助方式是怎样的？

省财政对低收入农户异地搬迁的补助实行先搬后补办法。每年省财政按各地搬迁计划人数，结合异地搬迁项目建设进度等情况预拨资金，作为项目启动资金，同时按上年度各地完成搬迁、并录入农民异地搬迁管理数据库的农户人数（新一轮）据实结算。

三、农村生活垃圾资源化减量化利用

179. 开展农村生活垃圾资源化减量化利用的政策依据是什么？

2014年，浙江省开始在部分地区开展农村生活垃圾资源化减量化利用试点，探索农村垃圾减量化资源化处理的有效办法，不断改善农村人居条件，提升农村生态环境质量。2016年，省委办公厅、省政府办公厅下发《浙江省深化美丽乡村建设行动计划（2016~2020年）》提出普及农村生活垃圾分类处理的工作目标。到 2017 年，实现村生活垃圾集中收集、有效处理全覆盖。大力开展垃圾减量化资源化无害化处理，充分发挥试点村的示范带动作用，大力推行以乡镇为主体实行区域性的垃圾资源化处理，实现分类收集、定点投放、分拣清运、综合利用。到 2020年，全省 50% 的村实现生活垃圾分类处理。

180. 省财政对农村生活垃圾减量化资源化利用的补助政策是什么？

2015 年，省财政会同省农办制定《美丽乡村建设专项资金管理办法（试行）》（浙财农〔2015〕45 号），明确将农村生活垃圾减量化资源化处理纳入省级美丽乡村建设专项支持范围。农村生活垃圾减量化资源化处理试点村数作为美丽乡村建设专项资金分配的一项任务因素，省财政按照平均每村 30 万元的标准测算，由市县统筹用于支持改善农村人居环境等方面支出。

四、农村生活污水治理

181. 开展农村生活污水治理的政策依据是什么？

2013 年，省委办公厅、省政府办公室印发《关于深化"千村示范、万村整治"工程扎实推进农村生活污水治理的意见》（浙委办发〔2014〕2 号），明确要求从 2014 年起，全面启动农村生活污水治理工作，力争用 3~4 年的时间，使全省农村生活污水治理村覆盖率达到 90% 以上、农户受益率达到 70% 以上。按照省委、省政府的决策部署，省财政进一步优化美丽乡村建设专项资金支出结构，同时加大投入力度，支持全省有治理任务的 74 个县（市、区）开展农村生活污水治理。

182. 省财政对农村生活污水治理的扶持范围有哪些？

省财政将农村生活污水治理作为美丽乡村建设专项资金的重

要扶持内容，扶持范围包括农村生活污水治理的户厕改造等各类污水接入、截污管网建设、生态化污水治理终端设施建设、污水治理设施运行维护管理等。

183. 省财政对农村生活污水治理的补助标准（比例）是多少？

农村生活污水治理以县为单位进行补助，省财政对两类六档市县的专项补助比例分别为项目测算总投资的40%、36%、32%、24%、16%和8%。项目测算总投资按照2013年开展的全省普查结果和综合测算单价确定。再加上中央农村环境综合整治、村级公益事业建设一事一议财政奖补、美丽乡村先进县创建奖补等相关专项的整合投入，省以上财政对两类六档市县的补助比例分别达到项目测算总投资的75%、70%、65%、40%、35%、30%。

184. 农村生活污水治理省级专项补助资金如何分配、使用？

农村生活污水治理省级专项补助资金在美丽乡村建设专项资金中安排，资金实行因素法分配、切块下达，其中涉及农村生活污水治理的分配因素包括项目测算总投资、补助标准（比例）、进度因素等。根据竞争性分配评审结果，对按得分排序前38个县市，2014~2016年分别下达50%、20%、30%的补助资金；对其他36个县市，2014~2017年分别下达20%、30%、20%、30%的补助资金。

县市可在管理办法规定的支出范围内统筹安排美丽乡村建设专项资金。农村生活污水治理项目由县级自主立项。省补助资金拨付后60日内，各县市将省下达的资金落实到具体项目，并将有关落实情况抄送省农办、省财政厅，同时抄送市农办。县市需报省备案的项目，在上报前要将项目有关信息在县市主管部门和财政部门门户网站、农民信箱以及乡镇公共服务平台向社会公示7天,公示无异议后方可上报。

五、农村困难群众住房救助政策

185. 什么是农村困难群众住房救助专项资金?

农村困难群众住房救助专项资金是指由省级财政预算安排,专项用于支持全省列入省年度救助任务的农村困难群众危旧房改造的补助资金。从 2015 年起,根据《浙江省住房与城市建设专项资金管理办法(试行)》(浙财建〔2015〕51 号)文件规定,农村困难群众住房救助专项资金纳入省住房与城市建设专项资金进行管理。

186. 设立农村困难群众住房救助专项资金的政策依据是什么?

为促进全省农村困难群众住房救助工作的顺利实施,根据《浙江省人民政府办公厅转发省建设厅、省民政厅、省财政厅〈关于实施农村困难群众住房救助工作的意见〉的通知》(浙政办发〔2006〕92 号)和省委、省政府《关于加快农村住房改造建设的若干意见》(浙委〔2009〕56 号)以及省财政厅、省住房和城乡建设厅联合下发的《浙江省住房与城市建设专项资金管理办法(试行)》(浙财建〔2015〕51 号)文件精神,对农村困难群众危旧房改造进行补助。

187. 农村困难群众住房救助政策的执行期限为多少?

农村困难群众住房救助执行期限是 2013~2020 年。从 2013 年起,进一步扩大危房改造救助覆盖面,到 2020 年基本完成农村低保收入标准(当地当年)200% 以下困难家庭的危房改造任务。

农村生活类

188. 农村困难群众住房救助专项资金的补助对象有哪些?

农村困难群众住房救助专项资金的补助对象为省政府浙政办发〔2006〕92号文件规定的四类家庭。其中第二类家庭根据浙委〔2009〕56号文件扩大了覆盖面。具体为:(1)不宜实行集中供养的农村"五保户"。(2)2006~2009年为农村最低生活保障家庭中的无房户和住房困难户。从2010年起,扩大到农村低保收入标准(2007年)150%以下的困难家庭。从2013年起,扩大到农村低保收入标准(2007年)200%以下的困难家庭。住房困难户指人均住房建筑面积在12平方米以下或住房残破简陋、不御寒冷和风雨、不具备基本居住条件的家庭。(3)因灾倒房户。即因自然灾害造成房屋倒塌或严重损坏不能居住或急需搬迁,且无自救能力的受灾家庭。(4)县级以上人民政府规定的其他困难家庭。

189. 申请农村困难群众住房救助专项资金的条件是什么?

申请农村困难群众住房救助专项资金,必须同时具备以下几个条件:(1)救助对象已按有关规定进行严格审核,并已纳入省年度救助任务;(2)已根据省下达的年度救助任务拟定救助方式和救助标准,配套资金已落实;(3)救助工作已组织实施,且实施情况良好。

190. 农村困难群众住房救助专项资金的补贴标准是多少?

根据当年救助任务数、省级专项资金规模和中央补助浙江省农村危房改造资金规模,按照不低于中央补助标准分配。各市、县(市、区)要依据危房改造方式、建设标准、成本需求和补助对象自筹资金能力等不同情况,合理确定不同类型、不同档次、不同农户的补助标准。

191. 农村困难群众住房救助专项资金的补贴程序是怎样的？

已完成年度救助任务的地区由当地财政和建设部门严格按省有关规定进行初审后，按住房城乡建设部规定录入农村危房改造农户档案管理信息系统，省住房和城乡建设厅对录入系统的补助对象和项目实施情况进行审定，核定农村危房改造户数，会同省财政厅联合发文，按照《浙江省住房与城市建设专项资金管理办法（试行）》规定采用"因素法"计算下达补助资金给有关市、县（市），由当地集中使用，用于农村困难群众住房救助工作。

六、地质灾害防治补助政策

192. 实施地质灾害防治支持政策的依据是什么？

实施地质灾害防治支持政策的依据是《浙江省国土地矿专项资金使用管理暂行办法》（浙财建字〔2014〕33号）。该办法第六条明确：省国土地矿专项资金专项用于市、县（市）国土资源部门公益性地质工作、地质灾害防治、矿山生态环境保护与治理和国土资源部门基础建设经费等。

193. 地质灾害防治专项资金如何支持，主要用于哪些项目？

根据《浙江省人民政府办公厅关于进一步加强省级财政专项资金管理工作的通知》（浙政办函〔2014〕66号）"一个部门一个专项，一般按'因素法分配'"的有关要求，2015年起，不再单设"地质灾害防治专项资金"，整合为"省国土地矿专项资金"，并按因素法进行分配。在地质灾害防治方面，省国土地矿专项资金主要支持地质灾害防治重点县（市、区）的重大地质灾害治理。

194. 地质灾害防治专项资金如何申请？

根据《浙江省国土地矿专项资金使用管理暂行办法》（浙财建字〔2014〕33号）第九条规定：各市、县（市）国土资源部门会同财政部门根据地矿专项资金支持重点的有关要求，在本地区范围内公开组织项目申报，及时进行项目审核，将符合条件的项目按规定纳入项目库。于每年7月31日前，各市、县（市）国土资源部门会同财政部门将项目总投资、下年度项目资金使用计划、上一年度地矿专项资金项目绩效自评结果和上年度报备项目预算执行进度等情况，一并上报省国土资源厅和省财政厅。

每年9月30日前，省国土资源厅会同省财政厅完成对市、县（市）报送的相关材料的审核，必要时可采取委托中介机构审查、组织专家评审、开展现场核查等方式进行审核，根据审核结果提出资金分配方案，在省国土资源厅网站向社会公示7天。公示无异议后，省财政厅会同省国土资源厅确定市、县（市）地矿专项资金补助额度。

195. 按因素法分配的地质灾害防治专项资金主要考虑哪些因素？

整合后按因素法分配的省国土地矿专项资金，主要考虑各市、县（市）地矿项目投入规模、省政府根据经济社会发展水平划定的转移支付系数、上一年度市、县（市）预算执行进度系数、绩效评价结果系数和其他等因素，其中地矿项目投入规模是指符合省级地矿专项资金支持条件，并已纳入市、县（市）项目库管理的项目年度投入规模，包括公益性地质工作、地质灾害防治、矿山生态环境保护与治理和国土资源部门基础建设等投入。

196. 对地质灾害防治项目地方应承担资金不到位的,省里有什么措施?

对有下列情况之一的,省财政厅、省国土资源厅将按《财政违法行为处罚处分条例》及其他有关法律法规规定,视情采取通报批评、停止拨款、调整项目预算、终止项目、收回已拨专项资金、取消专项资金申报资格等措施。涉嫌犯罪的,移送司法机关依法处理。(1)地方应承担资金不到位的;(2)虚列项目及虚列支出的;(3)伪造、隐瞒技术资料和成果资料的;(4)截留、挪用、挤占专项经费的,随意转拨专项资金的;(5)违反财务会计制度和本办法规定的;(6)未按规定要求上报相关材料的;(7)其他违反法律、法规、制度规定的。

七、省矿山生态环境保护与治理支持政策

197. 实施矿山生态环境保护与治理支持政策的依据是什么?

实施矿山生态环境保护与治理支持政策的依据是《浙江省国土地矿专项资金使用管理暂行办法》(浙财建字〔2014〕33号)。该办法第六条明确:地矿专项资金专项用于市、县(市)国土资源部门公益性地质工作、地质灾害防治、矿山生态环境保护与治理和国土资源部门基础建设经费等。

198. 省矿山生态环境保护与治理资金支持的范围是什么?

根据《浙江省人民政府办公厅关于进一步加强省级财政专项资金管理工作的通知》(浙政办函〔2014〕66号)"一个部门一个专项,一般按'因素法'分配"的有关要求,2015年起,不再单设"省级矿山生态环境保护与治理资金",整合为"省国土地矿专项资金",并按因素法进行分配。在矿山生态环境保护与治理方面,主要支持列入《浙江省矿产资源总体规划》《浙江

省废弃矿井治理规划（2011～2020年）》和省级"四边三化"矿山生态环境治理行动方案的废弃矿山（矿井）自然生态环境保护与治理等工作。

199. 省矿山生态环境保护与治理资金申报时间和要求是怎样的？

根据《浙江省国土地矿专项资金使用管理暂行办法》（浙财建字〔2014〕33号）第九条规定：各市、县（市）国土资源部门会同财政部门根据地矿专项资金支持重点的有关要求，在本地区范围内公开组织项目申报，及时进行项目审核，将符合条件的项目按规定纳入项目库。于每年7月31日前，各市、县（市）国土资源部门会同财政部门将项目总投资、下年度项目资金使用计划、上一年度地矿专项资金项目绩效自评结果和上年度报备项目预算执行进度等情况，一并上报省国土资源厅和省财政厅。

每年9月30日前，省国土资源厅会同省财政厅完成对市、县（市）报送的相关材料的审核，必要时可采取委托中介机构审查、组织专家评审、开展现场核查等方式进行审核，根据审核结果提出资金分配方案，在省国土资源厅网站向社会公示7天。公示无异议后，省财政厅会同省国土资源厅确定市、县（市）地矿专项资金补助额度。

200. 对省矿山生态环境保护与治理项目地方应承担资金不到位、截留、挪用、挤占专项经费的，省里有什么措施？

对有下列情况之一：（1）地方应承担资金不到位的；（2）虚列项目及虚列支出的；（3）伪造、隐瞒技术资料和成果资料的；（4）截留、挪用、挤占专项经费的；随意转拨专项资金的；（5）违反财务会计制度和本办法规定的；（6）未按规定要求上报相关材料的；（7）其他违反法律、法规、制度规定的，省财政厅、省国土资源厅将按《财政违法行为处罚处分条例》及其他有关法律法规规定，视情采取通报批评、停止拨款、调整项目预算、终止项目、收回已拨专项资金、取消专项资金申报资格等措施。涉嫌犯罪的，移送司法机关依法处理。

八、农村公路养护补助政策

201. 实施农村公路养护补助政策的依据是什么？农村公路养护的责任主体是谁？

实施农村公路养护补助政策的依据是《关于全省农村公路养护管理体制改革的实施意见》（浙交〔2009〕94号）。按照"统一领导、分级管理、以县为主、乡村尽责"的原则，县级政府是农村公路养护管理的责任主体，负责制定本辖区农村公路养护管理办法，筹措和落实养护资金，明确和落实本级政府有关部门、乡级政府在农村公路养护管理工作中的责任职责。

202. 农村公路养护资金的来源有哪些？

农村公路养护资金包括农村公路养护工程资金和农村公路日常养护资金两大部分。其中：（1）农村公路养护工程资金主要由中央燃油税返还收入（原省级汽车养路费部分）、市县财政一般预算以及其他资金组成，用于农村公路的大中修工程；（2）农村公路日常养护资金主要由各级财政一般预算投入以及其他资金组成。

203. 农村公路养护工程省级财政的补助标准是多少？

农村公路养护工程省级财政补助标准为：县道年公里15000元，乡道年公里8000元，村道年公里1500元。养护工程省级财政补助资金纳入年度预算安排，养护工程项目预算与省级财政补助资金差额部分由市、县地方财政配套解决。

204. 农村公路养护工程资金实际执行中如有结余怎么处理？

农村公路养护工程资金在实际执行中如有结余，滚存使用。

205. 农村公路日常养护资金的补助标准是多少？

农村公路日常养护资金的补助标准是：（1）省级财政补助标准为县、乡、村道年公里 1000 元。（2）县级财政投入农村公路日常养护资金标准不低于：县道年公里 4000 元、乡道年公里 2000 元、村道年公里 500 元。市级财政应对所辖区进行适当补助，确保市、区两级财政投入区的农村公路日常养护资金标准不低于县标准。县级中央燃油税返还收入（原拖拉机与摩托车养路费部分）应全部用于农村公路养护。（3）乡级财政投入农村公路日常养护资金标准不低于：乡道年公里 1000 元、村道年公里 500 元。县级财政应对无独立财政的乡镇按此标准进行补助。（4）村级组织要积极筹措村道日常养护资金和投工投劳，保证村道日常养护的基本需求。

九、中央农村环境整治资金

206. 中央农村环境整治资金支持范围和额度是什么？

（1）支持覆盖拉网式农村环境综合整治，根据整治村建设内容确定补助额度；（2）支持传统村落保护，对列入中央财政支持范围中央传统村落名单的，按照每村 300 万元标准。

207. 中央农村环境整治资金支持的具体内容有哪些？

根据《中央农村节能减排资金使用管理办法》（财建〔2015〕919 号），中央资金主要用于农村环境综合整治，具体包括：生活污水和垃圾处理、畜禽养殖污染治理、历史遗留的农村工矿污染治理、饮用水水源地环境保护，以及其他与村庄环境质量改善密切相关的环境综合整治措施。

208. 中央农村环境整治资金使用管理有哪些要求?

(1) 符合《中央农村节能减排资金使用管理办法》(财建〔2015〕919号)、《财政部 环境保护部关于〈中央农村节能减排资金使用管理办法〉的补充通知》(财建〔2016〕875号)的规定和要求,加强资金管理,确保专款专用,提高资金使用效益。

(2) 项目所在市县要建立定期检查和通报制度,督促各整治镇村严格使用专项资金,确保项目建设进度和质量。各地项目完成后应及时组织自查和验收,并按程序上报市级和省级核查验收。

(3) 各级财政、环保部门应按照《中华人民共和国政府信息公开条例》(国务院令第492号)有关规定,将资金的安排和使用、相关管理制度、考核验收等情况在政府门户网站上予以公开。同时,按照《中华人民共和国村民委员会组织法》中村务公开的有关规定,将资金安排和使用的详细情况、项目具体实施情况向当地群众张榜公布。

十、村级公益事业一事一议财政奖补政策

209. 实施村级公益事业一事一议财政奖补政策有何重要意义?

农村税费改革前,村提留、乡统筹和农村劳动积累工、义务工(以下简称"两工")是村级公益事业建设的主要资金来源和劳务来源。农村税费改革后,取消了村提留、乡统筹和"两工",规定村级公益事业建设所需资金、劳务实行村民一事一议。但是,一事一议筹资筹劳工作开展不平衡,整体覆盖面较小,不能满足村级公益事业建设投入的需求,村级公益事业建设投入总体上呈下滑趋势。农村基础设施薄弱、社会事业发展滞

后，已经成为影响社会主义新农村建设和发展现代农业的障碍，需要采取措施，尽快加以解决。

从2008年起，国务院农村综合改革办公室在部分省开展村级公益事业建设一事一议财政奖补试点，并逐步扩大到全国所有省、市、区。实践证明：开展一事一议财政奖补工作是加强农业基础建设、统筹城乡发展、促进城乡公共服务均等化的重要举措，是深化农村综合改革的一项重大制度创新，有利于激发村民参与一事一议筹资筹劳的热情，引导和鼓励村民出资出劳，调动农民参与公益事业建设的主动性，促进社会主义新农村建设；有利于调动基层干部和群众民主议事积极性，运用民主方式解决涉及农民切身利益的问题，并不断完善民主议事机制，推进农村基层民主政治建设；有利于形成村级公益事业建设多渠道投入的新机制，让农民切身感受到党和政府的关怀，促进城乡协调发展，构建社会主义和谐社会。

210. 村级公益事业一事一议财政奖补政策的目标是什么？

村级公益事业一事一议财政奖补政策的目标是以村民自愿筹资筹劳为基础、以财政奖补资金为引导、以充分发挥基层民主作用为动力，积极探索建立财政补助、农民参与、社会支持的村级公益事业建设多元投入新机制。

211. 村级公益事业一事一议财政奖补的基本原则是什么？

村级公益事业一事一议财政奖补的基本原则：一是民主决策，筹补结合。一事一议财政奖补项目必须尊重民意，以村民民主决策、自愿出资出劳为前提，政府给予奖励补助，使政府投入和农民出资出劳相结合，共同推进村级公益事业建设。二是直接受益，注重实效。一事一议财政奖补项目必须考虑村级集体经济组织、农民和地方财政的承受能力，县乡政府要加大规划指导力度，重点支持农民需求最迫切、反映最强烈、利益最直接的村级公益事业建设项目，适当向贫困村倾斜，提高项目效用，防止盲目攀比。三是规范管理，阳光操作。建立健全各项制度，确保筹资筹劳方案的制订、村民议事过程、政府奖补项目的申请、资金和劳务使用管理公开透明、公平公正，接受群众监督。

212. 村级公益事业一事一议财政奖补的范围是什么？

村级公益事业一事一议财政奖补的范围包括村内道路桥梁建设、村内小型农田水利设施和田间机耕路修建、村民饮用水工程、村内公共环境卫生设施建设、村民公共活动服务场所修建及受益面较广的其他便民利民设施项目。

213. 享受村级公益事业一事一议财政奖补的项目有哪些要求？

对享受村级公益事业一事一议财政奖补项目的要求是：以小型村级公益事业建设项目为主，合理控制项目投资规模；项目所在的村级组织要有较强的号召力，能充分凝聚村民群众的力量，带领村民群众议成事、办好事；能严格按照一事一议筹资筹劳程序积极合理地引导村民群众出资出劳。在落实村级自筹资金的基础上，财政给予适当奖补。

214. 村级公益事业一事一议财政奖补项目筹资筹劳有何规定？

村级公益事业一事一议财政奖补项目实行筹资筹劳上限控制原则。每个农村劳动力每年筹劳不超过 5 个工，每个村民每年筹资 1 个工价。每个项目最多可一筹 3 年。

215. 村级公益事业一事一议财政奖补项目公示的内容包括哪些？

村级公益事业一事一议财政奖补要对以下内容进行公示：

(1)村民筹资筹劳情况;(2)村集体经济投入、社会捐助情况;(3)各级财政奖补资金;(4)项目建设规划;(5)财务收支;(6)项目竣工验收情况等。

216. 村级公益事业一事一议财政奖补的工作程序是怎样的?

一事一议财政奖补的工作程序为:(1)申报程序。村申请—乡镇初审—县级审核—择优列入县级项目储备库—省级下达奖补资金计划—县级从项目储备库中择优选取项目审定立项—奖补资金的项目落实情况报省级备案;(2)项目建设流程。规划评议—审核申报—资金筹集—项目建设—资金拨付—资金和投劳核算—检查验收—总结规范。

217. 村级公益事业一事一议财政奖补项目形成的设施管理和养护的原则是什么?

一事一议财政奖补项目按照"谁投资、谁受益、谁所有、谁养护"的原则落实管护制度。

促进农村消费类

218. 财政支持农村电子商务发展的依据是什么?

为加快农村电子商务发展,方便农村居民日常消费和农产品流通,促进农民增收致富,不断推进农村流通现代化,根据《浙江省电子商务产业"十二五"发展规划》(浙政发〔2011〕45号)精神,并按照《省财政厅 省商务厅关于印发浙江省商务促进财政专项资金使用管理暂行办法的通知》(浙财企〔2013〕329号)规定,财政逐年加大对农村电子商务的支持力度,有效地促进了农村电子商务市场网络体系的建设和完善。

219. 财政支持农村电子商务发展的主要内容是什么?

财政支持农村电子商务发展的主要内容是充分发挥电子商务优势,通过建设农村电子商务综合服务平台、配送服务中心和农村服务点,加快推进浙江省农村电子商务应用,为全省农村居民提供网络代购和农产品销售等服务,用3～5年时间,在全省农村和近郊建设2万个电子商务服务点,为农村居民提供网络代购、农产品销售等服务。争取到2015年,全省农民通过网络购物占日常消费20%以上,2017年达30%以上,并逐步构建通畅高效的现代化农产品流通体系。

220. 农村电子商务财政政策的扶持对象和标准是什么？

农村电子商务财政政策的支持对象包括全省综合服务平台、县级区域服务中心和村级服务网点三个层面，并引导综合服务平台承建企业负责对各县级区域中心、村级服务点进行统一管理、业务指导和知识培训。省财政每年在现有商务促进资金中安排部分资金，按每个区域服务中心补助10万元、每个农村电子商务服务点补助2000元的标准进行补助，重点用于补助各区域服务中心的配送车辆和农村电子商务服务人员培训等。补助资金按各市任务安排情况先行预拨，年度终了后统一结算。对服务点开设网店予以相应的支持，具体在全省农产品电子商务平台建设中统一体现。

农村组织建设类

一、农村综合改革试点补助政策

221. 农村综合改革试点项目有哪些？

目前，正在开展的农村综合改革试点有：助推升级版美丽乡村建设试点、扶持发展村级集体经济试点、田园综合体建设试点、农村综合改革集成示范区建设试点等项目。

222. 助推升级版美丽乡村建设试点的主要内容是什么？

包括：（1）因地制宜，探索符合当地实际的美丽乡村建设类型。如聚集发展型、传统村落保护型、景区园区带动型、骨干企业带动型等。（2）规划先行，统筹兼顾生产生活生态全面和谐发展。坚持项目规划在先，根据乡村资源禀赋，因地制宜编制试点村庄建设具体规划。（3）探索创新，积极丰富美丽乡村建设内涵。实现生产美、生活美、生态美、村风美。同时，美丽乡村建设要促进现代农业与其他新经济业态共同发展。发挥农业产业优势，丰富美丽乡村业态。（4）发展集体经济，为美丽乡村可持续发展提供重要支撑。把发展村级集体经济融入村庄产业经济发展规划，推动第一、第二、第三产业融合发展。激发村级集体经济发展潜力和内生动力。(5) 创新机制,完善乡村治理方式。制定村民自治章程、村民议事规则、村务公开、重大事项决策、财务管理等制度,增强村级组织凝聚力和服务能力,为美丽乡村可持续发展提供重要保障。

223. 扶持村级集体经济发展试点的主要内容有哪些?

(1) 探索以土地股份合作为主要内容的实现形式。支持村集体经济组织领办土地合作社。以村集体经济组织为主要力量,引导村集体经济组织成员以土地承包经营权折股入社,发展土地股份合作社等合作经营组织。(2) 探索以生产经营合作为主要内容的实现形式。支持村集体创办农业生产经营合作社、劳务合作社等服务型组织,为各类生产经营主体提供加工、流通、仓储、劳务等有偿服务。(3) 探索以生态资源开发经营型为主要内容的实现形式。支持村集体经济组织充分利用本地生态资源、传统文化和美丽乡村建设成果,发展休闲农业、乡村旅游、民宿经济,促进农业和与旅游休闲、文化产业的深度融合,拓展农民增收新途径。(4) 探索以联合抱团发展物业为主要内容的实现形式。支持以多个薄弱村或强村与薄弱村结对等联合抱团发展物业,投资标准厂房、商铺、农贸市场、服务业设施等物业项目,为各类市场主体提供物业租赁服务。(5) 探索以混合经营为主要内容的实现形式。鼓励村集体以集体资源资产资金等参股农民专业合作社或经营稳健的工商企业,开展多形式的混合经营。

224. 田园综合体建设试点的主要内容是什么?

(1) 培育田园综合体产业支撑体系。突出农业特色,打造涉农产业体系发展平台。立足资源禀赋、区位环境、历史文化、产业集聚等比较优势,围绕田园资源和农业特色,做大做强1~

2个特色优势主导产业。（2）完善田园综合体公共服务供给机制。按照统筹城乡发展要求，完善功能，补齐公共服务短板，构建事权清晰、权责一致的田园综合体基础设施投入体系，搭建功能完备、覆盖全域、便捷高效的田园综合体综合型服务平台。（3）探索田园综合体土地利用机制。以促进土地集约、节约、高效利用为目标，通过组建土地产权交易市场，盘活田园综合体范围内农村空闲和低效用地，促进土地流转和农业规模化生产，为田园综合体新产业新业态发展提供用地空间。（4）建立田园综合体建设多元投入机制。健全政府引导、市场主体、多方参与的田园综合体建设投入体系。创新财政投入方式，有效发挥财政资金杠杆作用，综合运用补助、贴息、投资基金、担保基金等多种方式，撬动金融和社会资本投向田园综合体产业建设。（5）探索田园综合体治理体系建设。建立健全政府引导、社会组织广泛参与、职责明确、运转高效的田园综合体治理机制。发挥农村基层党组织的领导核心作用，探索"党建+田园"综合体工作体系建设，实现田园综合体治理目标。

225. 农村综合改革集成示范区建设试点的主要内容有哪些？

（1）深化产权制度改革。以农村集体产权制度改革和要素市场化配置为重点，建立产权交易平台，完善产权交易制度，激活农村产权，推进资源资产要素流动。（2）助推做强农村产业。深化农业供给侧结构性改革，建立绿色生态发展机制。以特色产业为主导，发掘农业多功能性，做优做精乡村旅游、文化创意、农村电商等美丽经济，促进农村第一、第二、第三产业融合发展。（3）壮大村级集体经济。创新经济发展模式和经营管理模式，盘活资产资源，因地制宜探索壮大村级集体经济的有效实现途径。（4）提升生态宜居环境。全面提升示范区生态宜居环境，加快推进升级版美丽乡村建设，推动生产生活生态深度融合，打造人与自然和谐共生新格局。（5）完善乡村治理机制。加快构建自治、法治、德治相结合的乡村治理新体系。创新乡村治理组织形式，完善乡村治理组织体系。深化农村"最多跑一次"改革，推进乡村综治工作、市场监管、综合执法、便民服务"四大平台"建设。（6）促进农民持续增收。大力发展现代农业，发挥新型农业经营主体在农业农村发展中的市场主体作用，引导农民就地创业，多渠道增加农民收入。

226. 申报试点的具体条件有哪些？

申报条件：（1）地方政府对农村综合改革试点工作高度重视，有相应的配套政策措施，相关部门积极配合；（2）试点方案符合国务院综改办和省财政提出的工作要求，内容具体重点突出，实施计划具有较强的可操作性；（3）地方财政安排相应专项资金，有相关资金统筹和整合等措施，社会资金积极参与；（4）项目投入产出绩效预期明显；（5）项目实施村，村级组织战斗力强，村庄基础条件较好。

227. 试点项目立项方式有哪些？

试点项目实行竞争性立项，按以下流程进行：（1）试点公告。根据试点工作总体安排，省农村综合改革办公室、省财政厅布置下达试点工作计划及申报试点项目通知。（2）项目申报。参与竞争的市、县（市、区），由市、县（市、区）政府或财政局、综改办按照试点工作要求向省农村综合改革办公室、省财政厅提交试点申请参加补助资金竞争性分配，并提供申请报告及试点方案。（3）项目评审。省农村综合改革办公室、省财政厅负责对各地申报材料进行初步审核，对符合申报条件的，组织有关方面专家进行评审，按公平公正和择优原则进行综合评选确定立项名单。(4)结果公示。立项名单在省财政厅门户网站公示7天。(5)立项批复。公示无异议后,列入试点范围,由省农村综合改革办公室、省财政厅批复试点计划。

二、扶持薄弱村发展财政补助政策

228. 实施扶持薄弱村发展财政补助政策的依据是什么?

开展扶持薄弱村发展专项行动是推进乡村振兴的一项有力措施。中共浙江省委办公厅、浙江省人民政府办公厅《关于实施消除集体经济薄弱村三年行动计划的意见》(浙委办发〔2017〕60号)明确要求,以完善农村基本经营制度、加强农村基层政权建设为核心,以发展壮大农村集体经济为主线,以增强村级集体经济造血功能为主攻方向,以体制改革、机制创新为动力,加强政策引导,创新发展模式、运行机制和管理体制,多层次、多渠道、多形式促进农村集体经济持续较快增长,保障村级组织正常运转,夯实党在农村的执政基础。

229. 扶持薄弱村发展财政补助政策的目标是什么?

通过三年努力,全面消除集体经济年收入(包括各级财政一般性转移支付补助资金、经营收入、发包及上交收入、投资收益和其他收入,不含项目补助和村干部报酬补助)低于10万元的薄弱村。其中,到2017年底,经济发达县薄弱村全部消除,"26+3"县薄弱村消除1/3,其他县消除一半;到2018年底,"26+3"县薄弱村消除2/3,其他县全部消除;到2019年底,全省全面消除薄弱村。

230. 扶持薄弱村发展省级财政扶持政策及扶持对象是什么?

从2017年起连续三年,每年安排省级扶持薄弱村发展专项资金不少于1.2亿元,重点用于"26+3"加快发展县(市、区),扶持集体经济薄弱村的发展。

三、村级组织运转经费财政补助政策

231. 村级组织运转经费财政补助的政策依据是什么?

农村税费改革后,为减轻农民负担,浙江省先后取消了专门面向农民征收的包括农业税在内的各种税费及"劳动积累工、义务工"等,在农民负担大大减轻的同时,村级集体收入也相应减少,导致一些村出现村级组织运转困难的局面。2009年,中共浙江省委办公厅、浙江省人民政府办公厅印发了《进一步完善村级组织运转经费保障机制促进村级组织建设的意见》(浙委办发〔2009〕101号),明确了财政支持村级组织运转的经费补助政策。2015年,中共浙江省委组织部、省农办、民政厅、财政厅、国土资源厅、农业厅《关于进一步加强基层组织建设保障的通知》(浙组〔2015〕13号),重新确定了财政支持村级组织运转的经费补助标准。

232. 村级组织运转经费财政补助的保障范围是什么?

村级组织运转经费财政补助的保障范围包括村办公经费和其他村级管理支出等。具体开支标准由地方本着厉行节约的原则合理确定。

233. 村级组织运转经费财政补助的保障标准是什么?

确保行政村的村级组织运转经费不低于每年5万元(不含财政安排的村主要干部基本报酬补助),人口规模1500人以上的村,最低保障标准10万元。

234. 村级组织运转经费财政补助的资金来源是什么?

村级组织运转补助经费以县级财政预算安排为主,县级党委、政府作为保障村级组织正常运转的责任主体,将村级组织运转补助经费纳入县级公共财政支出范围。省财政补助范围为经济欠发达市县和革命老区县等40个市、县（市、区）。

四、村干部报酬财政补助

235. 村干部报酬财政补助政策依据是什么？

为加强村级组织建设，进一步调动村干部工作的积极性，根据中共浙江省委组织部、浙江省财政厅、浙江省民政厅《关于全面解决村党组织书记和村委会主任基本报酬的意见》（浙组〔2009〕18号）要求，从2009年起，根据基本报酬全面覆盖、财政全额支付、公平合理、绩效挂钩的原则和不低于当地农村劳动力平均收入水平的要求，由各级财政共同分担解决村党支部书记和村委会主任的基本报酬。村务监督委员会主任的基本报酬按照村党支部书记、村委会主任的一定比例纳入财政保障范围。2015年，《中共浙江省委关于全面加强基层党组织和基层政权建设的决定》（浙委发〔2015〕10号）关于"全面落实村党组织书记、村民委员会主任基本报酬，建立健全政党增长机制，确保不低于上年度所在乡镇农民人均纯收入两倍"的要求，重新明确了村干部报酬补助标准。2016年，中共中央组织部 财政部下发《关于加强村级组织运转经费保障工作的通知》（中组发〔2016〕22号），提出"村党组织书记的基本报酬按照不低于所在县（市、区、旗）上年度农村居民人均可支配收入两倍标准核定，其他村干部的基本报酬由各地按照村党组织书记基本报酬的一定比例确定"的要求。

236. 村干部报酬财政补助的对象有哪些？

村干部报酬补助的对象为村党支部书记、村委会主任和村务监督委员会主任。

237. 村干部报酬财政补助的标准是什么？

村干部报酬补助的标准：从 2017 年起，对村党支部书记和村委会主任，按不低于所在县（市、区）上年度农村居民人均可支配收入两倍的标准进行补助。对村务监督委员会主任按村党支部书记和村委会主任补助标准的 70% 内掌握，具体标准由各县（市、区）研究确定。

238. 村干部报酬财政补助的资金来源是什么？

村干部报酬财政补助以县级财政预算安排为主，省财政补助范围为经济欠发达市县和革命老区县等 40 个市、县（市、区）。

五、高校毕业生到村任职补助

239. 什么是高校毕业生到村任职？

选聘高校毕业生到村任职，是党中央作出的一项重大战略决策。2005 年中央下发《关于引导和鼓励高校毕业生面向基层就业的意见》（中办发〔2005〕18 号），2008 年中组部下发《关于选聘高校毕业生到村任职工作的意见（试行）》（组通字〔2008〕18 号），决定在全国范围内开展选聘高校毕业生到村任职工作。浙江省于 2006 年统一部署选聘高校毕业生到村任职工作，并先后制定出台了《关于引导和鼓励高校毕业生到农村和社区工作的实施意见》（浙委办〔2006〕72 号）、《浙江省贯彻落实〈关于选聘高校毕业生到村任职工作的意见（试行）〉的实施细则》（浙组〔2008〕43 号）、《关于进一步加强到村（社区）任职高校毕业生选聘管理和培养使用工作的意见》（浙组〔2010〕65 号）、《关于进一步加强大学生村官工作的实施意见》（浙委办〔2012〕121 号）等文件，对大学生村官选聘、管理、培养和使用等做出明确规定。大学生村官合同期限一般为 3 年，试用期 3

个月,至多续聘一次。岗位性质为"村级组织特设岗位",是国家开展的选派项目。

240. 高校毕业生到村任职的待遇和政策保障如何?

选聘到村任职的高校毕业生补贴标准比照当地乡镇(街道)新录用公务员试用期满后工资收入水平确定,一般不低于当地上一年度的职工平均工资水平(含规模以上私营单位)。聘用期间,统一办理包括基本养老保险、基本医疗保险、失业保险、工伤保险、生育保险等各类社会保险和人身意外伤害商业保险,并办理住房公积金。符合国家助学贷款代偿政策规定、聘用期间考核合格的,其在校期间的国家助学贷款本息由国家代为偿还。

241. 中央和省财政对高校毕业生到村任职的补助政策是怎样的?

高校毕业生到村任职的工作、生活补贴主要由县(市、区)、乡镇(街道)承担,有条件的市可对县(市、区)进行补助。中央财政对纳入中央选聘范围的到村任职的高校毕业生给予每人每年8000元补贴,并按人均2000元的标准安排一次性安置费。省财政对欠发达地区到村任职高校毕业生的补贴待遇给予40%的补助。

六、农村党员干部教育补助

242. 目前浙江省农村党员干部教育建设的基本情况如何?

自2005年浙江省被中央列入农村党员干部远程教育扩大试点省份以来,在省委、省政府的高度重视下,浙江省远程教育工作取得了显著成效。截至2017年12月底,全省建立终端接收站点35039个,其中镇(乡、街道)、村(社区)站点31512个,实现了乡镇和行政村全覆盖;在机关、企业、专业合作社等延伸站点 5833 个；向党员中心户、农村种养殖大户、科技示范户、普通家庭等拓展，实现远程教育进家庭数近百万户；省级中心资源库储备教学课件 7.24 万小时；建立了一支拥有 6.38 万名专兼职相结合的站点管理员队伍；管理和学用工作全面展开并深入推进。

243. 省财政对农村党员干部教育的补助政策是怎样的？

为加强和促进全省农村党员干部教育工作，省财政厅联合省委组织部共同下发了《浙江省农村党员干部教育专项资金使用管理办法》（浙财行〔2015〕73 号），要求各市、县（市）财政部门将农村党员干部教育专项资金纳入年度预算。专项资金按照因素法进行分配，分配因素根据每年全省农村党员远程教育重点工作、各地农村党员远程教育日常工作任务量、当地财政财力状况、绩效管理考核评价结果等因素确定。资金主要用于全省农村党员远程教育年度重点工作、创新工作和特色工作；终端站点设备设施维护、更新及学用补助；终端站点管理员培训及补助；教学资源开发补助等。

244. 省财政对农村党员干部教育的补助资金是如何拨付的？

专项资金由省财政通过省级转移支付的方式在省人代会批准后 60 日内下达到各地财政。

生态文明建设类

245. 实施"两山(一类)"建设财政激励政策的背景是什么?

为深入持久地推进生态文明建设,将生态文明建设成果切实转化为可持续发展的新经济增长点,经省政府同意,自2017年起实施"两山"建设财政专项激励政策。"两山"建设(一类)财政激励政策,面向丽水、衢州生态屏障地区及国家重点生态功能区县,着眼于促进区域协调发展,加快高水平全面建成小康社会,以补齐农民增收致富短板,补齐公共服务有效供给短板为目标导向,突出生态建设与补齐短板相结合,促进地方进一步深化农业供给侧结构性改革,创新体制机制,加快培育农业农村发展新动能,增强内生功能,增加群众收入,提升民生水平,实现区域经济社会的协调发展。

246. 如何确定"两山(一类)"建设财政专项激励县(市、区)?

经省政府同意,通过竞争性分配,择优确定衢江区、开化县、龙泉市、云和县、庆元县、缙云县、遂昌县、松阳县、景宁县、文成县、泰顺县、磐安县等12个县(市、区)为激励对象,连续三年每年给予每县(市、区)激励补助1.5亿元。

247. "两山（一类）"建设财政激励政策的政策目标是什么？

通过三年（2017~2019年）努力，重点补齐低收入农户增收致富、基本公共服务有效供给两大民生短板，与全省平均水平差距明显缩小，切实增强高水平全面建成小康社会的内生动力和支撑。

补齐低收入农户增收致富短板。增强农民增收动能，巩固消除"4600"成果，到2019年，农村常住居民人均可支配收入年均增长8%以上，达到2万元以上；低收入农户人均可支配收入年均增长10%以上，达到1.3万元以上，低收入农户数量明显下降。大力推动村级集体经济发展，全面消除年收入10万元以下集体经济薄弱村。

补齐公共服务有效供给短板。精准投放民生保障资源，提高公共服务供给质量和水平。提升基础教育水平，到2019年，义务教育标准化学校覆盖率力争超过95%，全面实现县域内医疗卫生机构标准化建设，推进县乡村卫生人才管理一体化。加快公共文化服务、体育公共服务建设。实施健康扶贫，畅通社会力量参与社会救助渠道，完善因病因残致贫帮扶救助机制。缩小城乡低保标准差距，实现低收入人口应保尽保。

248. 如何实施"两山（一类）"建设财政激励政策绩效评价？

省财政、省扶贫办、省农业厅联合下发《浙江省"两山（一类）"建设财政专项激励政策绩效考核办法》明确对12个"两山（一类）"建设财政专项激励县的考核要求。考核分为年度考核和三年综合考核，年度考核主要跟踪掌握各县（市、区）工作进度，分年度目标任务完成情况，项目和资金管理以及协同保障机制建设情况等。三年政策到期后，省级有关部门将联合组织实施综合考核,对照"两山(一类)"建设财政专项激励政策目标,对 12 个县(市、区)在实现地区加快发展,促进低收入农户增收和公共服务有效供给,缩小与全省平均水平差距等方面进行综合评价。对综合评价不合格的县(市、区)将分三年收回省补助资金,对未完成部分政策目标的县(市、区)相应扣减省补助资金,扣减资金用于对考核优秀县(市、区)的奖励。

支持少数民族发展类

249. 什么是少数民族发展资金？

少数民族发展资金是中央和省财政设立的用于支持贫困少数民族地区推进兴边富民行动、扶持人口较少民族发展、改善少数民族生产生活条件的专项资金，是财政专项扶贫资金的组成部分。

250. 浙江省少数民族发展专项资金的使用范围是什么？

为推动浙江省少数民族事业的发展，省财政厅联合省民宗委共同下发了《浙江省少数民族发展专项资金使用管理办法》（浙财行〔2015〕15号）。浙江省少数民族发展专项资金主要用于改善少数民族生产生活基础设施条件，包括修建少数民族乡村水、电、路等设施；培训少数民族群众劳动技能、推广先进适用的生产技术；支持少数民族和民族地区具有一定资源优势和地方特色的生态农业、农副产品加工业、民族工艺品制造业、农村现代服务业、民族创意产业和民族特色旅游产业；支持少数民族特色村镇建设，重点支持特色民居保护和建设，与民族村寨旅游相关的标志性村级民族文化公共建筑建设、新民居外观民族建筑元素改造；支持少数民族文化，主要是畲族文化的保护与发展。

251. 浙江省少数民族发展资金如何分配？

浙江省少数民族发展资金实行"因素法"分配，分配的因素为少数民族人口因素、民族村数量因素、民族乡（镇）经济发展状况因素、重点工作因素、绩效及其他因素等五个方面。

252. 省财政对支持少数民族地区发展有何举措？

（1）加大省级财政支持力度。省财政通过对全省财政资源的合理配置，在财政体制和转移支付等方面给予少数民族地区重点倾斜照顾，为少数民族地区经济社会发展提供了财力保障。2016年至今，省财政每年在均衡性转移支付中安排少数民族因素转移支付1亿元，由相关县（市）统筹用于支持民族乡（镇）发展等方面；每年安排每个民族乡（镇）200万元少数民族财政转移支付资金，作为一般性转移支付给予支持，纳入省与市县年均衡性转移支付结算（安排转移支付资金的民族乡（镇）由原来的18个扩大到37个）。省财政每年安排少数民族发展专项资金2700万元，实行因素法分配，按重点工作、少数民族人口、民族村数量、民族乡（镇）数量、绩效及其他五个方面细化到市县；对被国家民委评为中国少数民族特色村寨的民族村奖励100万元。积极争取中央财政支持，2018年争取中央财政专项扶贫资金（少数民族发展）2396万元。

（2）加大对口帮扶力度。进一步完善结对关系，18个经济发达县（市、区）每年给予结对的民族乡（镇）帮扶资金不少于80万元；28个省级单位每年为结对的民族乡（镇）办1~2件实事，并在项目、资金、人才等方面给予进一步支持。省财政厅积极落实民族贸易和民族特需商品定点生产其余的财政、税收等优惠政策；加大力度，支持民族乡（镇）卫生院基础设施建设，完善乡、村两级卫生医疗服务体系；对少数民族特色村镇建设给予指导和支持。

"一折通"发放管理类

253. 为什么要通过"一折通"发放涉农补贴资金?

"一折通"是浙江省从2006年开始为农资综合补贴建立的资金发放渠道。以"一折通"形式管理和发放各项涉农补贴资金,可以切实解决补贴资金发放环节多、资金可能被滞留挪用和发放情况难掌握等问题,降低操作成本,提高资金兑付效率,有利于加强种粮补贴资金监管,有效落实各项扶粮惠农政策,也有利于农民心里对政府的各项补贴有个清楚明白账,切切实实感受到党和政府的关怀。因此,省政府下发的《关于2007年继续对种粮农民实行农资综合直补政策的通知》(浙政办发〔2007〕61号)明确规定,"今后各地要逐步整合国家、省和市县各项直接发放给农民的支农补贴资金,统一纳入'一折通'发放渠道"。

254. 通过农资综合补贴"一折通"发放的项目有哪些?

目前,通过农资综合补贴"一折通"发放的补贴资金主要有耕地地力保护补贴、规模种粮补贴等。各市、县可根据各地实际情况自行确定纳入"一折通"发放的项目。

图书在版编目（CIP）数据

浙江省财政支农惠农政策解答：2018年修订版／浙江省财政厅编．—北京：经济科学出版社，2018.8
ISBN 978－7－5141－9613－9

Ⅰ.①浙…　Ⅱ.①浙…　Ⅲ.①地方财政－财政支农－财政政策－浙江－问题解答　Ⅳ.①F812.755－44

中国版本图书馆CIP数据核字（2018）第180803号

责任编辑：齐伟娜　杨　梅
责任校对：隗立娜
责任印制：李　鹏

浙江省财政支农惠农政策解答
（2018年修订版）
浙江省财政厅/编
经济科学出版社出版、发行　新华书店经销
社址：北京市海淀区阜成路甲28号　邮编：100142
总编部电话：010－88191217　发行部电话：010－88191540
网址：www.esp.com.cn
电子邮件：esp@esp.com.cn
天猫网店：经济科学出版社旗舰店
网址：http://jjkxcbs.tmall.com
北京季蜂印刷有限公司印装
880×1230　32开　4.25印张　110000字
2018年8月第1版　2018年8月第1次印刷
ISBN 978－7－5141－9613－9　定价：10.00元
（图书出现印装问题，本社负责调换。电话：010－88191502）
（版权所有　翻印必究　举报电话：010－88191586
电子邮箱：dbts@esp.com.cn）